特別支援教育が
わかる本 ❷

通常学級でできる

発達障害の
ある子の 学習支援

内山登紀夫 監修　　川上康則 編

ミネルヴァ書房

はじめに

　本書は、小学校の通常学級において学習面での困難を示す子どもの姿を取り上げ、教師がどう対応するのがいいかを具体的に紹介する本です。対象となる子ども本人だけでなく、クラス全体への支援を多く紹介しているのが特徴です。通常学級における特別支援教育は、集団としてのメカニズムを無視しては成り立たないからです。

　特別支援教育は、当初、発達障害のある子どもをリストアップし支援を検討するという個人レベルの話が中心でした。ところが最近はもう少し大きなレベルで話が展開されるようになっています。すなわち、それぞれの苦手さや失敗を認め合う「学級経営」、つまずきのある子どもの学びの姿に着目してその子たちがわかる授業を組み立てていこうとする「授業のユニバーサルデザイン」、これらへの進展が見られるのです。

　本書は、特別支援学校の地域支援コーディネーターとして小・中学校などへの巡回相談を続けている編者の、教育現場での経験に基づき構成されています。そしてまた、本書で紹介する学習支援策あるいは学級経営の方法は、編者が巡回相談において実際に紹介し、効果のあった方法でもあります。それぞれの学級で、大いに活用していただけるようにと願っています。

　ただし、活用にあたり大事にしたい視点があります。表面に現れるつまずき（うまくいかなさ）がよく似ていても、背景にある要因は子どもによって異なるかもしれないという視点です。必ず複数の要因の可能性を想定し、教師自らの観察の力をもって要因を見極めていっていただきたいのです。その検討のためのページも設けていますので、子ども一人ひとりのつまずきを読み解くヒントにしてください。そしてあなたの目の前にいる子どもにとって最良の方法を見つけていってください。なお、つまずきの背景要因としては主として発達障害の認知特性を取り上げ解説していますが、より広く、教育心理学などで用いられる概念も導入しています。

　本書が、つまずきのある子どもたちを含めた学級づくり、より多くの子どもがわかる授業づくりに役立つことを願っています。

もくじ

はじめに …………………………………………… 1
◎学習困難の背景に目を向ける …………………… 4
◎通常学級での支援はクラスワイドで …………… 6
◎授業の組み立てを見直す ………………………… 8
本編の構成と各要素の見方 ……………………… 10

支援の実際
―― 背景要因をさぐってじっくり支援 ――

事例 1
　授業への集中が続かず違うことをする ………… 12
事例 2
　不注意なまちがいが多い ………………………… 18
事例 3
　音読がうまくできない …………………………… 24
事例 4
　説明文を読み理解するのがむずかしい ………… 30
事例 5
　中心人物の気持ちの変化の読み取りが苦手 …… 36
事例 6
　文字を覚えられない、形がととのわない ……… 42

事例 7
　漢字が書けない、まちがいが多い ……………… 48

事例 8
　作文が苦手で書くのをいやがる ………………… 54

事例 9
　繰り上がり・繰り下がりの計算ができない ……… 60

事例 10
　割り算ができない …………………………………… 66

事例 11
　文章題になるとわからない ………………………… 72

事例 12
　図形の問題がわからない …………………………… 78

事例 13
　不器用なため学習が進みにくい …………………… 84

事例 14
　体育の時間が嫌い …………………………………… 90

◎子どもの価値を認め、伸ばす ……………………… 96
◎教師の技量を高めるために① …………………… 98
◎教師の技量を高めるために② …………………… 100
参考資料など ………………………………………… 102

学習困難の背景に目を向ける

「なまけている」「やる気がない」と決めつけず「つまずき」ととらえる

　離席、立ち歩き、不規則発言、手遊び、姿勢のくずれ……。授業中の子どもたちの姿をどのようにとらえていますか？「態度が悪い」「意欲がとぼしい」などと決めつけてしまっていませんか。こうした表面的な見方にとらわれてしまうと、効果的な指導に結びつかないまま終わります。おそらくは、よくない部分を叱って直そうとするか、「ちゃんと聞きなさい」「静かにしなさい」とことばで指示するだけになるのではないでしょうか。そして、態度や行動が改まらないときには、子どもが悪いと決めつけてしまう……。

　本書では、望ましくない態度や行動は子どものつまずきの現れととらえ、つまずきの背景をさぐっていくことを大切にします。なぜそのつまずきが生まれるのかを、洞察的に考えるという立場をとります。教師にまず必要なのは、この洞察的に子どもを見るということです。

つまずきの背景にある発達障害を意識しておく

　つまずきの背景を読み解くヒントのひとつに発達障害があります。発達障害者支援法の成立を受け、もはや発達障害についてまったく知らないという教師はいなくなりました。しかし、すべての教師が正確な知識をもって日々指導しているかと問われると、首肯できない現状もあります。まずは正しい知識を得るようにしたいものです。発達障害は低年齢のうちに現れる脳機能の障害とされ、次にあげるもののほか、言語の障害や協調運動の障害などがあります。

●自閉症スペクトラム障害

　社会性・コミュニケーション・イマジネーションの困難があり、対人コミュニケーションが苦手になりがちです。社会のルールを自然に覚えることや集団行動が苦手で、まわりの人とは違うことに興味をもったり、同じことを繰り返すことを好んだりすることがあります。

●AD/HD（Attention-Deficit/Hyperactivity Disorder；注意欠如・多動性障害）

　多動・衝動性と不注意が特徴の障害で、行動を自己コントロールするのが苦手です。多動・衝動性がめだつタイプ、不注意がめだつタイプ、両方が見られる混合タイプがあります。

●LD（Learning Disabilities；学習障害）

　知的障害はないが学習に必要な能力に偏りがあり、特定の学習がむずかしくなるもの。文部科学省の定義では、聞く、話す、読む、書く、計算する、推論するの能力のうち1つまたは2つ以上で遅れがめだつときにLDとされます。LDの人には、視覚認知の困難、聴覚認知の困難などが見られることがあります。

診断の有無にかかわらず、支援の必要性を認識する

　発達障害を意識するとは、発達障害の診断を受けているかどうかによって対応を変えるということではありません。むしろ、診断は受けていないが少し気になる子どもというのが、

複数存在しているのが通常の学級の現実ではないでしょうか。発達障害を意識することは、これらグレーなゾーンの子どもたちへの指導や支援を考えていくときにも有効にはたらきます。

さらに、同じ診断名であっても異なる姿を示すことがあり、つまずきの程度もさまざまです。したがって、つまずきが複合化

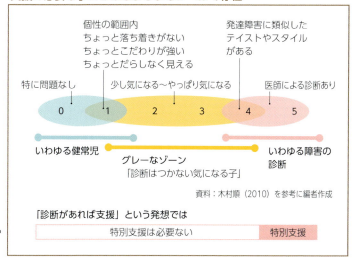

したり、ある能力が部分的に際立って現れたりする場合についても説明しやすくなります。

大事なのは、学習や学校生活で必要などんな能力に影響があり、どんな姿となって現れているかを知ることです。そのために、より洞察的に子どもの姿を読み解くようにします。

仮説を立てて支援の方法を工夫する

表面に見えているつまずきから背景要因を考えていくことは氷山にたとえられます。水面上に見えている姿から、水面下にかくれているつまずきの背景を推測しようという考え方です。

発達障害のある子どもの場合、認知の特性がつまずきの背景にあることが少なくありません。たとえば「ワーキングメモリ（→p.62）の弱さがある？」「聴覚情報の取捨選択が弱いのでは」というように推測しては、

つまずきの背景と表面から見える姿（例）

つまずきの背景	表面から見える姿	その子にとっては…
ワーキングメモリの弱さ	●聞きもらしが多い ●しりとりなどが苦手 ●複数の指示は覚えきれない ●周囲を見てまねて行動する	複数の指示を聞き取れるのはすごいこと！
聴覚情報の取捨選択の弱さ	●騒々しいと落ち着かない ●からかいを聞き流せない ●視覚情報による指示のほうが伝わりやすい	話し手に注目できているのはすごいこと！
注意集中の持続の弱さ	●集中できる時間が短い ●活動の切り替えが困難 ●落ち着きがない ●姿勢がくずれやすい ●視線が定まりにくい	集中が長続きするのは相当がんばったとき！

その前提で支援の方法を工夫し、効果を見極めていきます。

仮説が正しければ、子どもの態度や行動はきっと変わるでしょう。効果がなければ、別の仮説に基づいた方法を試し、やはり効果が見られなければさらに別の仮説……というように工夫していきます。子どもによっては、つまずきの背景要因が複雑化していることもあります。ていねいに読み解いて、優先順位の高い課題を見定めるようにしましょう。

通常学級での支援はクラスワイドで

つまずきのある子どもたちを含めた学級づくり、授業づくりを

　特別支援教育への理解は広がってきています。通常学級においても、支援を要する子どものつまずきの背景を正しく理解し、適切に支援しようという流れになってきました。しかし、通常学級で、つまずきのある子だけに特化した支援を行うことは、実は非常にむずかしいことだといえます。周囲にしてみれば「ひいき」や「特別扱い」と映ることがあるからです。これでは、教師と子どもたちとの信頼関係のうえに成り立つ学級経営が揺らいでしまいます。

　一方で、「私たちには特別なことはできない」とか「特別扱いすることが逆に差別していることになる」などと話す教師も学校現場には少なからずいます。発達障害のある子どもに対して適切な配慮や工夫がなされない場合、失敗経験ばかりが積み上げられ、自尊感情の低下など二次的なつまずきが生み出されることもあります。

　編者は、つまずきのある子どもたちを含めて、クラス全体の取り組みのなかでいかに個を育てていけるかという発想を大切にしたいと考えています。そのため、多くの類書とは異なり、クラス全体で取り組めることから支援プランを考えるというスタイルをとっています。通常学級における特別支援教育は、その土台となる学級づくり、授業づくりがしっかりと機能してこそなのだ、そんな気持ちで本書はまとめられています。

集団のなかの個という意識を常にもつ

　子どもたちは、一人ひとりが大切にされる個としての存在であると同時に、集団を構成する存在でもあります。特別支援教育は教師だけが行うものではなく、クラスのなかでの育ち合いによって生まれる相互作用があります。たとえば、ある子どもが困っている場面で、教師がそばについて支援を行うことはもちろん大切なことなのですが、それ以上に、クラス全員が「がんばれ、きっとできる！」と声援を送ることのほうが大きなエネルギーをもたらしてくれます。また、発達につまずきのある子は、支援されるばかりの存在ではありません。なんらかの形で周囲から必要とされる存在、クラスに貢献する存在でいることによって、自信をもてるようになり、苦手なことにも挑戦してみようという意欲が生まれます。

　こうした集団のメカニズムを意識しながら、発達につまずきのある子どもを育てていけるのが、通常学級なのです。まずは、よりよい集団づくりをすること。個別支援よりも先に、安心感のある学級経営に取り組む必要があります。

個別支援よりもまず安心感のある学級経営を優先する

●学級経営のカギは共感性

　特別支援教育は共感が広がるクラスでなければうまく機能しません。共感とは「人のふり見てわがふり直せ」が広がることと言い替えられるかもしれません。誰かがほめられるのを

見て「私も見習いたい、そんな行動をしたい」と思える、叱られている場面では「気の毒だな。自分はそうしないようにしよう」と思えることです。ところが、学級集団というのは同じ場面であっても、共感が広がる可能性もあれば、嫉妬が支配する危険性もあります。共感が広がっていれば、クラスメートがほめられると自分もまねしたいと思うでしょう。しかし、嫉妬が支配すると「あいつばかりずるい」「ぼくはほめられていない」という気持ちが広がります。

　共感が広がるクラスづくりをめざすためには、どの子も不公平感をもたないような指導・支援をする必要があります。子ども一人ひとりが「自分は大切にされている」と感じると、安心感のあるクラスになります。

●おとなしい手のかからない子どもを大切に

　ひかえめで手がかからないために、存在感の薄くなっている子どもがクラスには必ずいます。指導に追われて見過ごしがちですが、実は、クラスはそのような子どもたちが支えてくれています。意識して声をかけたり、視線で気にかけているというメッセージを送ったりすることによって、安心をつくっていきましょう。

●望ましいことばをかけ合うクラスにする

　右上の表は、共感と安心のあるクラスにするために、子どもたちに意識させたいことばのリストです。教室内に貼り出すためのものではありません。教師の頭の中に入れておき、そのことばが聞こえてきた瞬間に、「今、Aさんが"いっしょに持つよ"と友だちを支えることばを言ったでしょう。クラスにぴったりだね。こういうことばが増えるといいね」とほめるために使います。継続していくと、子どもたちの間にも互いに認め合う雰囲気をつくり出すことができるはずです。リストを貼り出せば、確かにすぐにそのとおりのことばを口にする子は出てきます。しかし、それは言わされている姿であって、自ら考えて使っているわけではありません。このことばを使うとクラスが温かくなるね、という価値づけこそが大切です。

クラスでかけ合うのに望ましいことば

待つことば	励ますことば	支えることば
●いっしょに行こう	●絶対にできるよ	●手伝うよ
●待ってるよ	●いっしょにがんばろう	●いっしょに持つよ
●慌てなくても大丈夫	●こんな工夫はどう？	●どうした？
●まだ間に合うよ	●まちがっていいんだよ	●ぼくにできること、ある？
●お互いさまだね	●君のおかげだよ	●なんだかうれしいな
	●助かるよ	●ありがとう

個別の対応はさり気なく

　個別の対応が必要な場合は、さり気なく行うようにすることが大切です。周囲の子どもたちは、教師がどのようにかかわろうとしているのか、よく見ています。不公平感を抱かせるようなかかわりになってはいけませんし、個別的な対応がプライドを傷つけてしまうような意味合いになってしまうこともよくありません。クラスの共感性を育て、個別の支援が必要な子どもに、指導や配慮が確実に届くようにしていきましょう。

授業の組み立てを見直す

つまずきのある子どもの学び方の特性を全体の指導に役立てる

つまずきのある子どもの学びの姿に着目し、その特性を全体の指導に役立てる考え方も生まれてきています。その子にわかる指導を工夫することで、まわりの子にとってもわかりやすい、学びやすい指導になるという考え方です。授業のユニバーサルデザインという考え方が生まれたのもこの流れのひとつです。

これまでの授業研究の多くは「教えやすさ」を追求するものであったように思われます。つまずきのある子たちにわかる授業は、彼らの「学びにくさ」から出発します。その学ぶ姿がわかりやすさのメルクマール（羅針盤）になるのです。

学習面のつまずきをふまえた授業の工夫

つまずきの原因	授業の工夫
理解の速度に課題がある	●質問をクローズド・クエスチョン（「はい」「いいえ」で答えられる質問）にすると考えやすい ●情報を精選し、比較させるとわかりやすい
LDがある	●「書く」よりも「理解」にエネルギーを使えるようにする ●話す・聞く活動をとおしてイメージを深めてから書く活動に
注意集中の持続の弱さ	●視覚化する ●具体性、規則性を出す ●想像（イメージ）は具体的な手がかりで補う ●部分部分をつなげて全体の文脈理解を促す ●1指示1行動を原則とする（同時に複数の処理を求めない）
ADHDがある	●ペアトーク（ペアでの話し合い）、動作、劇などアウトプットができる場を設ける ●サプライズを用意すると興味が持続しやすい

挙手-指名スタイルを変えてみる

授業の進め方で一般的なのは、「わかる人？」と問いかけて、挙手した子どもを指名し答えさせるスタイルです。伝統的ですが、つまずきのある子にとっては問題点が多いといわざるを得ません。たとえば、衝動性の高い子は挙手より先に答えを言ってしまい、ゆっくり考えたいタイプの子は置き去りにされるという課題があります。授業は、勘のいい子の発言や教師の望む答えを言えた子の発言だけで進んでいき、大多数の理解は確認されずじまいです。

このスタイルを変えてみることから始めます。たとえば、クラス全体にこう話します。「今から○○について質問します。自分だったらどう答えるか、まず隣の友だちに話しましょう」。発問と指示を分け、隣の子ときちんと話していることを確認したうえで指名すれば、確実に自信をもたせることができます。ほかにも、次のような方法があります。

● 2人や3人で意見を一致させる

隣や前後の席の子どもと意見を言い合い、一致させてから誰かが発表する方法です。教師や発表者の話を聞いただけでは、わかったつもりで実はよくわかっていなかったということもあるものです。ただし、話し合いが充実するためには、「AかBのどちらを選ぶか、意見をまとめましょう」のように、答えの範囲が広がらない発問をするといった工夫が必要です。

● 隣の人の考えや発言を聞いて発表させる

　意見を自分で発表するのでなく、ペアで意見を話し合ったあとで、相手の意見を発表する方法です。人の意見をまとめて発表することになるため、聞くのも話すのも真剣になります。

● 答えがわかる子にはヒントを発表させる

　すぐに答えを発表させると、わからない子どもの考えるプロセスが奪われます。しかし、わかった子も答えたい気持ちでいっぱいなので、指名されないとつまらない気持ちになります。そこで、答えにまつわるヒントを出す係になってもらいます。全員の興味が持続します。

授業での「そろえる」を大切にする

　課題のスタート場面やプロセスにおいて、子どもたちの理解度をそろえることが大切です。

● クラス全員が答えられる問題から入る

　たとえば「手をパーかグーのどちらかにして答えなさい。答えを言える人はパー、ヒントが欲しい人はグーです」と言えば、必ず参加できます。

● 誰もわからない問題から入る

　たとえば、算数の問題の途中まで示し、何を求めるのかがわからない状態で提示します。「最後の1文にどんなことばがあれば答えにたどりつけますか」と尋ねます。衝動性が高い子どもも考えるようになりますし、すでにだいたいのことがわかっている子も退屈しません。

● 途中で理解度をそろえる

　課題の途中でペアトークや動作などのアウトプット場面を設定し、理解度をそろえます。このとき2人の能力差に注意します。差がありすぎると話し合いが深まらなかったりつまらなく感じたりしますので、「AかBかを2人で決める」などのように質問の難易度で調節するようにします。また、互いの意見は尊重されるという安心感がなければ、話し合いが成立しません。学級経営とセットで考えておきたいことです。

● 立つ・座るなどの姿勢転換で覚醒レベルをととのえる

　たとえば、発問の前に「まず、全員立ちましょう」と指示して立たせ、それから問題を言います。「わかった人は隣の人と話し、答えが合っていたら2人とも座りましょう」と伝えます。姿勢転換の場面があると、脳が覚醒し、気持ちも切り替わります。

わかる授業のポイント

1　焦点化されている
　　何をどこまで教えたいのかが明確

2　視覚化・動作化されている
　　教師の話しことばやわかっている子どもの発言だけで授業が進むことを防ぐ

3　発言が組織化・共有化されている
　　開きが大きくなる前にそろえる

4　教科書が教材化されている
　　そのまま使うのでなく、子どもがつかみとるための工夫がある

質問の種類と難易度

A難度　「はい」「いいえ」で答えられる質問
　　例：「スポーツは好きですか」

B難度　選択肢のなかから答えを選べる質問
　　例：「国語と算数、どちらが好きですか」

C難度　答えが限定できる質問
　　例：「いつ」「誰と」「どこで」「何が」

D難度　答えが限定できない質問
　　例：「なぜ」「どうして」「どんなふうに」

本編の構成と各要素の見方

次ページからの本編は、次のような要素で構成されています。

取り上げる子どもの紹介です。学習場面でこんなようすが見られます。

別の場面で見られやすいようすを記しました。

背景要因をさぐるために、また支援の方向を定めるために、必要な視点を紹介しています。

教師がその場でできること。悪い方向にいかないための方策を記しました。

その場で、ついしてしまいがちな指導だが、実はしないほうがいいことを記しました。

事例と似たような学習の困難がある子どもについて、見えている姿と、かくれている要因についてチェックするためのページです。

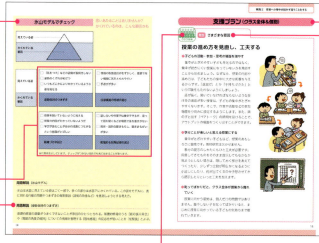

ここからは実際の支援プランです。

支援プランが想定している背景要因。「氷山モデルでチェック」で思いあたることがあった場合、特に意識して読んでください。

関連がありそうな、見えている姿、かくれている要因をあげています。

困難の背景にある要因の理解に役立ててください。

支援プランのおもな対象、目的を示します。

 クラス全体にはたらきかけて環境づくり

 その子への個別的なはたらきかけ

 その子と教師との信頼関係をつくる

 長期的にその子の力をアップ

支援の実際

―― 背景要因をさぐってじっくり支援 ――

事例

授業への集中が続かず違うことをする

ケースファイル

小学校4年生のけいたくんは、授業に集中が続かず、姿勢がくずれてしまう場面がよく見られます。手遊びが多く、説明を聞きもらしてしまうため、指示と異なるページを開いていたり、勝手なやり方でごまかしたりすることもあります。ときどき、理由のない離席が見られることもあり、そのたびに注意されてしまいます。

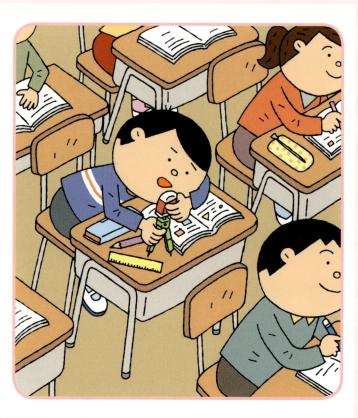

まず、その場では　気づいたときにすぐできる支援

1. **注意を十分ひきつけてから話す**
2. **指示内容を視覚的に伝える**
   文字など視覚的にとどまりやすい情報を用いる。
3. **授業を切り替える**
   教師の話を長引かせず、子どもの活動に切り替える。

こんな姿も…

● いすを後ろに大きく傾け、バランス遊びをしているような姿も

● おしゃべりが止まらないことがある

● 新しい刺激に敏感で、他者の失敗場面には目ざといところがある

NG その場での対応、これはNG!

「何度言ったらわかるんだ」と叱る

叱って集中を促そうとしても効果はありません。短期的に「直す」「正す」ことをめざすのではなく、姿勢の保持や注意の持続などの背景要因をさぐり、子ども理解に基づく授業改善を試みましょう。

こういう視点が必要です

■目につく行動を「直そう」「正そう」としない

授業中に姿勢が悪い、課題に取り組もうとしないなどの行動が見られると、制止したり、叱責したりする教師がいます。しかし、目につく行動を「直そう」「正そう」とすると、指導が空回りしているように感じ、焦ってしまうことになりがちです。

問題ばかりに目を向けすぎて、その子のがんばりを見過ごしてしまわないように気をつけましょう。

■教師のかかわりや授業スタイルを見直すべきかも…

けいたくんのような集中が続きにくい子どもは、授業のおもしろさに敏感なところがあります。目新しい新規の教材には、いち早く興味を示してくれます。その一方で、話が長くなると、真っ先に授業からの逸脱行動がめだつようになります。

つまずきは、その子どもに内在する要因によるばかりではありません。教師のかかわり、クラス全体の雰囲気などが相互に影響し、作用していると考えましょう。

教師のかかわりや授業スタイルを見直すべきところもあることを、常に意識しておく必要があります。

背景要因をさぐってじっくり支援 →

氷山モデルでチェック

思いあたることはありませんか？
かくれているのは、こんな要因かも

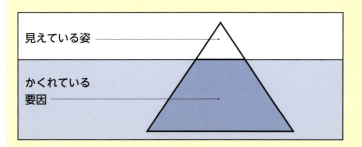

見えている姿	☐ 「気をつけ」などの姿勢が長続きしない ☐ 姿勢のくずれがめだつ ☐ いつもどこかによりかかっているような姿を見せる	☐ 情報の取捨選択がむずかしく、重要でない情報に気をとられやすい ☐ 手遊びが多い
かくれている要因	**姿勢保持のつまずき**	**注意機能の持続の弱さ**

	☐ 授業を聞いていないように見える ☐ 授業の内容がわかっていないようだ ☐ 学びが進むことが自分の成長につながるという意識がとぼしい	☐ 話し合いや作業では集中できるが、座って話を聞くなどの場面で落ち着きがない ☐ 指示・説明の聞きもらし、聞きまちがいが多い
	動機づけの弱さ	**聴覚的な短期記憶の弱さ**

※代表例を示しています。チェックがつかない場合でもあてはまることがあります。

用語解説［氷山モデル］

氷山は水面に見えている姿はごく一部で、多くの部分は水面下にかくれている。この姿をモデルに、表に現れる行動の問題やつまずきの背景要因（認知の特性など）を推測しようとする考え方。

用語解説［姿勢保持のつまずき］

基礎的感覚の調整がうまくできないことが原因のひとつとされる。基礎的感覚のうち「筋の張り具合」や「関節の角度の維持」についての情報を整理する「固有感覚」の反応性が低いことを「低緊張」とよぶ。

事例① 授業への集中が続かず違うことをする

支援プラン（クラス全体&個別）

要因 さまざまな要因

授業の進め方を見直し、工夫する

● 子どもの活動・参加・思考の場面を増やす

　集中がとぎれやすい子どもを叱るのではなく、集中が続きにくい授業になっていないかを見直すことから始めましょう。なぜなら、授業の内容や進め方は、子どもたちの集中に大きな影響を与えるからです。「退屈だ」とか「手持ちぶさた」という印象をもたれないようにしましょう。

　話が長く、聞いていなければならないような受け身の場面が多い授業は、子どもの集中がとぎれやすくなります。そこで、作業や活動などの参加場面を小刻みに設定するようにします。また、隣の子と話す「ペアトーク」の時間を設けることで、アウトプットの場面をつくり出すことができます。

● 学ぶことが楽しいと思える授業にする

　集中がとぎれやすい子どもほど、授業のおもしろさに敏感です。教材研究は欠かせません。

　教材の提示のしかたにもひと工夫が必要です。用意してきたものをそのまま提示してもなかなか見ようとしない場合は、隠しておく部分をあえてつくったり、少しずつ全貌が明らかになるように小出しにしたり、何が出てくるのか予想させてから提示したりといった工夫を加えます。

● 叱ってばかりだと、クラス全体が授業から離れていく

　授業に向かう姿勢は、個人だけの問題ではありません。集中しない子を叱ってばかりいると、まじめに授業に向かっている子どもの気持ちまで離れていきます。

支援プラン（クラス全体＆個別）

 要因 注意機能の持続の弱さ、動機づけの弱さ

聞かせようとするのでなく、聞きたくなる授業を

● モデル発言を生かす

　子どもの発言の途中で止め、その続きを考えさせます。「たとえば」で止めれば、「具体例をそれぞれが考えてみよう」となります。「でも」で止めれば、続きを予測してみることができます。

● 教材を工夫して能動的な参加を促す

　教科書はすべての情報が盛り込まれているので、そのまま用いず、適宜教材化します。挿し絵の順番を入れ替えたり、あえて本文と異なるセンテンスカードを提示したりして、「正しくはこうでは？」という能動的な参加場面をつくります。

 要因 注意機能の持続の弱さ、聴覚的な短期記憶の弱さ

教室環境を整理し、明確な言語指示を

● 黒板まわりの情報過多を予防する

・授業に不必要な掲示物の除去
・必要な掲示物の提示のしかたの工夫
（例）気づいてほしい部分にマスキングし、「何が隠されているか」をあてさせる

● 明確な言語指示のために

・動詞をはっきりと伝える
・発問と指示を分ける
（例）発問「○○の理由を考えます」指示「考えたことを2つは、ノートに書きます」
「は」に気づいて3つ以上書いた子をほめます。

事例① 授業への集中が続かず違うことをする

要因 動機づけの弱さ

授業の導入など早い段階で活躍させる

● 活躍の場面をつくり参加度を上げる

導入部で活躍させることで参加意識を高めます。
・早い段階で指名し、ほめる
・叱る場面でコントロールするより、認める場面をつくる

● 質問の難易度に注意し、発言を促す

「なぜ？」「どうして？」「どう思った？」などのオープン・クエスチョンは、回答も長くなり集中がとぎれる要因になります。「はい・いいえ」「AかBのどちらか」などの答えやすい質問をテンポよくつなげ、発言・参加しやすくしましょう。

  姿勢保持のつまずき

姿勢保持を育てるのは長期的な視点に立って

●「合法的な離席」の場面をつくる

たとえば「ギャラリーウォーク」（課題の途中で、ほかの子どもがノートにどのようにまとめているか、参考にするために教室を回れる時間）を設定し、覚醒レベルを保つようにします。

● 姿勢がいい場面を見過ごさず、すかさず認める

ふだん姿勢がくずれやすい子が正しい姿勢でいる場面は、大きなエネルギーを使っているときです。あたりまえだと思わずに、「そう、いいね」「そのまま、続けて」など、姿勢がいい状態であることをフィードバックしましょう。

事例 ②

不注意なまちがいが多い

ケースファイル

小学校6年生のりりこさんは、学習内容の理解には問題がないのですが、不注意なミスがめだちます。テストのケアレスミス、提出物の出し忘れなどが頻繁で、叱られてしまうことが多いので、自信がなくなってきているようです。今日は、グループの係としてお願いされたことを忘れてしまい、ほかのメンバーから責められてしまいました。

まず、その場では　気づいたときにすぐできる支援

① **「どう乗り切るかいっしょに考えよう」と促す**
忘れ物をしたことを責めるより、問題解決が先決。

② **思いついた解決策を認める**
別のグループから借りる、分けてもらうなど、考えられたことを認めてほめる。

こんな姿も…

● 授業中、ぼんやりしていることが多い

● もとの場所でないところに不注意に置いてしまうため、なくしものが多い

● 聞きかじった話など思い込みで判断し、対人関係がぎくしゃくすることがある

NG その場での対応、これはNG！

「どうして忘れちゃうの!?」と詰問する

「なぜ〇〇できないの」「どうして△△してしまうの」と詰問されても、自分でも理由を整理できないでしょう。むしろ、やり直しの機会を大切にし、落ち込む必要はないと伝えていくことのほうが大切です。

こういう視点が必要です

■「だらしない」「やる気がない」…といった決めつけを避ける

りりこさんのように「ついうっかり……」という不注意がめだつ子どもの多くが、こんな自分を変えたいと思っています。意欲や態度の問題と決めつけるのではなく、まずはていねいに背景要因をさぐって理解し、その子の気持ちを大切にしましょう。

■失敗に寛容で、やり直しが認められるクラスに

クラスの雰囲気も大変重要です。
1つのミスが大きく取り上げられてしまうクラスよりも、失敗に寛容で、リカバリーを大切にするクラスをめざしましょう。

■その子の得意な記憶方略を考えていく

記憶のとどまりやすさは、人によって異なります。りりこさんがうまく記憶しておける方法もあるはずです。得意な記憶方略が見つかるまで、いっしょに考えて、試し、定着するようにしていきましょう。

背景要因をさぐってじっくり支援

氷山モデルでチェック

思いあたることはありませんか？
かくれているのは、こんな要因かも

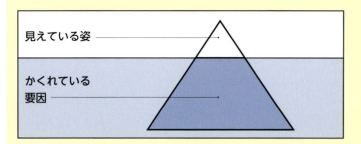

見えている姿	☐ 多くのことを言われるととまどう ☐ 複数の指示をされると、最初または最後の指示しか覚えていない	☐ 本来の活動でない別のことに注意が奪われやすい ☐ 大切なことを見過ごしてしまう ☐ 思い込みで判断を誤ることがある
かくれている要因	記憶の容量の少なさ	不注意

	☐ その場では大丈夫だと思い込み、ノートに記録しないことがある ☐ 思い出し方がわからず、ふりかえることが苦手	☐ がんばっていても周囲に比べレベルが低く、認めてもらえる機会が少ない ☐ 努力が否定され、自信をなくしている
	プランニング（→ p.56）の弱さ	自尊感情の低下

☐ 自分なりの覚え方をまだ身につけていない
☐ 周囲から指導された記憶方略が本人に適していない
記憶方略の未獲得

※代表例を示しています。チェックがつかない場合でもあてはまることがあります。

用語解説［記憶方略］

記憶の効果が高まること（たとえば記憶保持の長時間化や記憶内容の正確さなど）をめざして、意図的に行う心的操作や活動。

事例②　不注意なまちがいが多い

支援プラン（クラス全体＆個別）

要因　さまざまな要因

互いの持ち味を認め、ミスやエラーをカバーし合うクラスに

●小さなミスを許し、リカバリーを大切にする

　提出物や準備の忘れ物が多かったり、約束を忘れてしまったりする子どもは、周囲からの信頼を失いがちです。叱られる経験やクラスメートから責められたりからかわれたりする経験が多いと、自分に自信がもてなくなります。そもそも、すべてのものごとを覚えておける人などいません。むしろ、みんなで苦手なところをカバーし合おうという雰囲気につなげていくことのほうが大切です。

　小さなミスやエラーに寛容なクラスであれば、前向きに気持ちを切り替えることができます。忘れ物をしたときに互いに分け合い、貸し借りができるクラスであれば、まわりの助けをうまく借り、しのぐスキルが身につきます。ミスはゼロにはできません。なくそうとするよりも、別の方法で乗り越えることのほうが重要です。

●記憶のしかたを提案し合い、効果的な方略を見つける

　記憶は、「入力→保持→想起」の３つの側面から支援プランを考えることが可能です。

　保持や想起を支える方略として、語呂合わせで覚える、複数の内容の頭文字だけを組み合わせて覚える、イラストにしてイメージして覚えるなどがあります。これらをクラス全体で出し合い、互いの提案から学ぶことで、自分なりの記憶方略を見出すことにつなげていきます。

　りりこさんのケースに限定するのではなく、ふだんから、悩みや不安を解決し合おうとする雰囲気をまず育てていきましょう。

支援プラン（クラス全体＆個別）

 要因 記憶の容量の少なさ、不注意、プランニングの弱さ

時間をおかず、その場でアウトプットして定着を図る

● **その場ですぐに、ペアトークで確認**

必死に覚えようとするよりも、記憶した内容を直後にアウトプットするほうがエピソードとして記憶に残ります。指示を伝えたあと、「ここまでで大切なところを、隣の人と確認！」などのように、話しながら確認できるようにします。

● **文字やイラストなどで視覚的に伝える**

話しことばに加え視覚的な手がかりを使います。
・ミニ黒板に書き、正面や手元で示して伝える
・文字を部分的に消し、埋められるか確認する
・動作化できるものは動きとともに伝える

 要因 不注意、記憶方略の未獲得

背景要因を正しく理解して支援を

● **覚醒レベルのコントロールを支える**

覚醒レベルが下がるとボンヤリが多くなります。大切な話の前に姿勢を正す、立ってからだを動かすなどの活動場面を入れることで、脳と身体を覚醒させ、指示への注意を促すことができます。

● **思い出せることを重視する**

覚えようとするより、りりこさんなりの思い出しやすい方略を考えます。p.21で紹介したもののほか、リズムに乗せる（歌など）、メモに残す、イメージで関連づけるなどの方略があります。

事例②　不注意なまちがいが多い

 関係づくり　要因　不注意、自尊感情の低下、記憶方略の未獲得

本人の価値を見出し高めていけるように

● ボンヤリは何も思考していないわけではない

　不注意はボンヤリととられがちです。しかし、本人は「この会話を好きな声優が語ると……」というように想像力を巡らせていることも少なくありません。絵画・文芸・広告などクリエイティブな仕事への可能性を秘めている場合もあります。

● まちがいも価値を見出すとらえ方で

　また、記憶ちがいがあったとしても「まったく覚えられない子」ではありません。不注意なまちがいが多い場合、ミスやエラーが多い分だけ、逃げずに挑戦した証ととらえ直すこともできます。

 力をつけるために　 要因　記憶の容量の少なさ

ゲームをとおして楽しく力を伸ばす

● 「山手線ゲーム」

　言語的な記憶情報を積み重ねていくゲームで、ある1つのテーマを指定して始めます。自分の前に言った人のことばを全部順番どおりに覚えておかねばなりません。本来は順番をミスしたら終わりなのですが、記憶していれば順番は厳密にしないというルールにしてもいいかもしれません。

● トランプの「神経衰弱」

　本来は2枚めくって図柄が合わなければ交代するルールですが、3枚めくってペアができればいいなどのルール変更をしてもかまいません。

事例 3

音読がうまくできない

ケースファイル

小学校3年生のじゅんくんは、音読がうまくできません。ふだんの日常会話では特に問題を感じませんが、音読になると文字を抜かして読んだり1行とばしで読んだりするので、まわりの子から笑われることがあります。また、別のことばに読み誤ったり、文末を勝手に変えて読んでしまったりすることもあります。

まず、その場では　気づいたときにすぐできる支援

1. **さり気なくそばに行き、読むところを指で教える**
2. **いっしょに読む**
   本人より0.5秒ほど先に読むとわかりやすい。
3. **笑っている子をきちんと制止する**
   失敗をとがめず、がんばりを認め合うよう、日頃のクラスづくりが大切。

こんな姿も…

● 音読をいやがる、音読の宿題をしてこないことが多い

● 問題文の読み誤りや思い込みでケアレスミスが多い

● 全員でいっしょに読むとき、口の形が違っていることがある

NG その場での対応、これはNG!

「ちゃんと読みなさい」と責める

じゅんくんは、自分なりにがんばっています。それを認めず責めたのでは、がんばる気持ちをなくさせてしまいます。また、じゅんくんの姿を否定するメッセージとなってしまいます。

こういう視点が必要です

■どこでつまずいているのか

簡単な文章であっても、音読は複雑なプロセスのうえに成り立っています。

目が感じ取った線や点の画像を文字として認識し、音に変換し、その音を発声器官が正確に発声できてはじめて、まわりの人が聞き取れる音読となるのです。

音読のつまずきがどの部分からきているのかをさぐります。

■心理的な抵抗があることも

また、笑われた経験やうまくいかないという自覚などが原因で、音読をいやがることがあります。

こういった心理的な抵抗があるときは、無理に読ませるのはひかえ、抵抗の少ない活動から、徐々に慣れるように導くことも考えたいものです。

背景要因をさぐって
じっくり支援

氷山モデルでチェック

思いあたることはありませんか？
かくれているのは、こんな要因かも

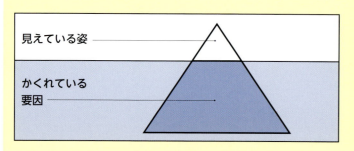

見えている姿	☐「エレベーター」を「エベレーター」と読むようなまちがいが多い ☐ 特殊音節の読みまちがいが多い ☐ 知らないことばでつまってしまう	☐ １文字ずつ区切るように読む ☐ 切れ目でないところで切って読む ☐ 助詞を抜かす、別の音で読む ☐ 文末表現をつくり読みする
かくれている要因	**音韻認識の弱さ**	**ことばのまとまりをとらえる力の弱さ**

	☐ 読んでいるところから目がそれやすい ☐ 板書の視写が遅い	☐ 何について書いてあるかわかっていない ☐ 登場人物の行動や感情を整理できていない
	選択的注視力の弱さ	**内容理解やイメージの力の弱さ**

※代表例を示しています。チェックがつかない場合でもあてはまることがあります。

用語解説［特殊音節］

拗音（ゃ・ゅ・ょ）、促音（っ）、長音（のばす音）を含む音節をいう。「キャラメル」の「キャ」、「がっこう」の「がっ」、「ルール」の「ー」など。

用語解説［音韻認識］

言語の音韻の単位を操作する能力で、読み書きに大きく影響する。日本語の音韻の最小単位は拍（例：と・っ・きゅ・う）。

事例③　音読がうまくできない

支援プラン（クラス全体＆個別）

要因 さまざまな要因

みんなが読みやすいように

●内容が理解できてから音読

学習が進んで、ある程度内容の理解ができているほうが、音読はしやすいものです。音読が苦手な子がいる場合は、最初のころは教師の範読を取り入れるといいでしょう。

子どもたちには、読んでいるところを指で追わせる、文末の語だけいっしょに読むなどすれば、活動の機会も確保できます。

読みを途中で止めて「どこで止まった？」と問うと、緊張感の持続にもなる

●安定した姿勢で読めるようにする

音読は、立ってしなくてはいけないものでもありません。着席して、教科書を指でなぞりながら読むと安定し、読む子どもも安心できます。

●まちがいやすいところに印をつける

読みまちがいが多そうなところを事前に説明して、そのことばを囲うなど、印をつけるようにさせます。

読みにくい漢字がある場合は、読みを確認してふりがなをつけることにするのもいいでしょう。

●ペアで「うん読み」

教科書を見ながら、相手が句読点のところまで読んだら「うん」と言います。途中でまちがっても、読み直してたどりついたら「うん」。

支援プラン（クラス全体＆個別）

要因 さまざまな要因

まちがっても笑われないクラスに

●範読でのリードはできる子どもにも

順番に音読をさせる場合、教師が順に移動しながら、どの子どもにも0.5秒ほど早く読む範読（→ p.24下）をしていきます。できない子だけ支援するという発想より好ましい支援です。

●失敗に寛容なクラスにする

誰でも、わからないときは「わかりません」「教えて」と言えるクラスをつくっていきたいものです。そういうクラスは「失敗しても、次にできればOK」と、がんばる子どもをさり気なく応援できるクラスでもあります。

要因 ことばのまとまりをとらえる力の弱さ

ことばのまとまりがわかるように

●まとまりごとに区切る、囲む

・ことばの切れ目にスラッシュ（／）を入れる
・まとまりごとに丸で囲む
　わかりやすくなり、意識しやすくなります。

●助詞を強く読む読み方を試す

焦点をあてることばを決めて、そこだけ強く読む強弱読みをさせてみます。たとえば主格の「は」だけ強く「○○○は」のように読む読み方です。繰り返すことで、まとまりでとらえる力が育ちます。
　「○○○と」「○○○へ」なども試しましょう。

事例③　音読がうまくできない

要因 選択的注視力の弱さ

リーディング・スリットを用意する

● 見やすいものを何種類か

　1行の幅で窓を開けたスリットをあてて、読む行が見えるようにすると読みやすくなります。教科書やよく使う本に合わせて何種類か用意し、リングなどで留めておくと便利です。

リーディングスリット
厚めのバインダー表紙などを切り取って作る。
行の幅・色を変え、
数種類用意する

スリットに色のフィルムを貼ると、より見やすくなることも。

要因 音韻認識の弱さ

文字と音を結びつけることば遊びなど

● 中抜きことば遊びや逆唱など

　「ガラスの中抜き、何だ？」→「ガス」、「アマリリスの逆読みは？」→「スリリマア」といった遊びを取り入れます。慣れたら「算数のンは何番目？」→「2番目」のような「この音、何番目」クイズや単語見つけなどもよさそうです。

単語見つけ

● ことばのカードで練習

　カードを見て、頭の中でまとまりとして読んでから、声に出して読むようにします。保護者と相談し、「エレベーター」「ちゃわん」など特殊音節を含むことばで練習してもらうのもいいでしょう。

ことばのカード

事例

説明文を読み理解するのがむずかしい

ケースファイル

小学校5年生のえりさんは、文章の内容をまとめたり、段落相互の関係をとらえたりすることにむずかしさを感じています。特に、国語の説明文の授業には苦手意識をもっています。

1文ずつの内容はおおよそ理解できるのですが、全体的な構造をつかむことや筆者の主張を正確にとらえることなどの学習は混乱してしまいます。

まず、その場では　気づいたときにすぐできる支援

1　これまでの学習内容を例示する

　学んだいくつかの型を示す。たとえば基本型として、筆者の主張が抽象度の高い部分に書かれていることを知識として指導しておくと、これをヒントに主張を探せる。

2　現時点でわかっているところを確認する

　「どこまでわかっているかな」と穏やかに確認してみる。

こんな姿も…

● 文章が長いということだけで、読むのがいやになってしまう

● 時系列や因果関係に沿って話すのがむずかしい

● 気になることがあると、状況にかかわらず指摘しないではいられない

NG その場での対応、これはNG!

「よく読んでごらん」と努力を求める

説明文の読解のつまずきは、努力では補えません。特に細部にこだわりすぎてしまう場合、わからないことばにとらわれて読み進められないことがあります。大きな流れを把握する読み方の指導が必要です。

こういう視点が必要です

■長い文章への抵抗がある？

学年が上がると、内容の理解に必要な語彙が増え、文章の分量が多くなります。数ページ～十数ページにわたる文章を見ただけで、苦手意識を強くする子どもは、けっして少なくありません。読むだけで「もう限界！」と感じてしまう子が多いようです。

■大意をつかむのが苦手

説明文の授業で大切にしたいのは、全体構造をつかむことです。文章構成にはセオリーがありますので、その知識を活用し、全体像をつかむことを大切にします。

えりさんの場合、この文章構成の基本的な理解が身についていないのかもしれません。

■「文章全体の読み解き方」を教えているか

文章の全体構造をつかめていないという可能性のほかに、場合によっては、体系的に学べた経験がないことも考えられます。この場合、過去の指導の記録をさかのぼったり、既習の学習内容の理解度を確認していく必要があります。

習っているものと決めつけず、説明文の文章構成の整理のしかたや、中心となる語句や文の見つけ方などを教えていくようにしましょう。

背景要因をさぐって
じっくり支援 →

氷山モデルでチェック

思いあたることはありませんか？
かくれているのは、こんな要因かも

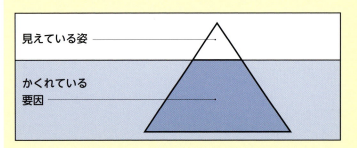

見えている姿
かくれている要因

見えている姿	☐ ことばの使い方や表現の細部にとらわれて、全体の大きな流れを把握できない ☐ 日常生活でも細かい部分が気になってしまい状況把握がむずかしい	☐ 文章の長さだけでむずかしいと感じる ☐ 知らないことばやわかりにくい表現が出てくるだけで読みたがらない
かくれている要因	**細部へのこだわり**	**文章への苦手意識**

	☐ これまでの学習内容と関連づけて理解することがむずかしい	☐ 説明文の文章構成の整理のしかたがわかっていない ☐ 中心となる語句や文を見つけられない ☐ 表現技法のはたらきを理解していない
	既習事項の未定着	**必須スキルの未習得**

☐ 会話にまとまりがない
☐ ものごとの順序や関係性をふまえた会話がむずかしい
☐ あらすじを説明するのが苦手

体系的にとらえる力の弱さ

※代表例を示しています。チェックがつかない場合でもあてはまることがあります。

用語解説［細部へのこだわり］

それほど重要でない部分にとらわれ、全体像が把握しづらい状態。興味・関心の範囲が狭くなり、具体的なものを対象としない抽象化の思考につまずきが出やすい。

事例④　説明文を読み理解するのがむずかしい

支援プラン（クラス全体＆個別）

要因　さまざまな要因

文章構成の整理のしかたを教える

●全体像をとらえやすくする工夫

　1文ずつは理解できているが全体の把握がむずかしい、あるいは、ページをまたいでしまうことで全体の把握がむずかしくなってしまうという場合、教科書をそのまま用いることが理解の障壁になっていることがあります。

　そこで、本文を1枚の長い巻物様のものにつなぎ合わせて提示します。

●全体構成をシンプルに構成図で示す

　文章の全体構成を図に示し、展開や段落相互の関係を視覚的にとらえるようにします。

　場合によって、はじめ・なか・おわりのどこに位置づけるかむずかしい段落もあります。そのようなときには、そこばかり考えるのでなく、いったん離れて、大きな流れをつかむことを大切にするよう指導します。

●全体構造をおさえてから内容の理解に進む

　説明内容の理解に時間を費やしすぎると、退屈に感じてしまう場面が増えます。むしろ、全体的な構造をおさえてしまってから内容の理解にふみ込めば、より深い読みにつなげることができます。

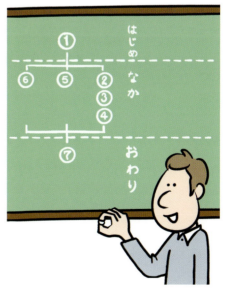

支援プラン（クラス全体＆個別）

要因 細部へのこだわり、文章への苦手意識、体系的にとらえる力の弱さ

思考の共有をとおして理解を進める

●ペア活動による相談の場面を設定する

　文章構成図の作成の場面などは、ペア活動にし、ほかの人といっしょに考える時間にします。「段落ごとのカード」を教材として準備しておけば、カードの並べ替えを行いながら確認ができるので、ペアで思考の共有がしやすくなります。

●ギャラリーウォークで他者の意見を参考に

　ギャラリーウォークは p.17 でも紹介したように、教室内を歩きノートを見せ合って学びを深める活動です。他者の記述を参考に追加や書き替えができ、互いに学び合うよさが広がります。

要因 細部へのこだわり

学習すべき話題に関心をもたせる

●本人のこだわりと関連づける

　学習すべき教材に興味をもって授業に取り組めればいいのですが、興味・関心が細部に向きがちな場合、そううまくはいきません。そういう場合は、いきなり説明文の学習に入るよりも、こだわりの対象（好きなもの）と関連づけながら、関心を高めるようにしていきます。

●教材で得た知識をこだわりに還元させる

　最終的に、えりさん自身が、この学習をとおして自分のこだわりの世界も深めることができたと実感できるようにすることをめざします。

事例④　説明文を読み理解するのがむずかしい

要因 細部へのこだわり、必須スキルの未習得、体系的にとらえる力の弱さ

中心となる語句や文を見つけられるようにする

●抽象度の高い語句・文に着目することを教える

中心となる語句や文（キーワード、キーセンテンス）の見つけ方についても指導する必要があります。提示された語句や文のなかで最も抽象度が高いということを教えましょう。

●中心文を探すことの意義を知らせる

探せるようになると、内容のまとめや表現も上手になります。この点も知らせておきましょう。
・まとめが上手になり理解しやすくなる
・話すときも中心となることを考えながら話せる
・作文を書くときにも役立つ

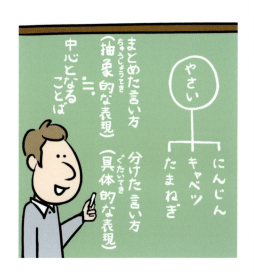

要因 文章への苦手意識、既習事項の未定着、必須スキルの未習得

筆者の「わかりやすさ」の工夫への着目を促す

●表現技法のはたらきに気づかせる

説明文はむずかしいという思い込みを払拭するには、筆者がさまざまな表現技法を用い、わかりやすく書いていることを教える必要があります。

●小学校でおさえておきたい表現技法には…
・接続語：逆接（しかし）、順接（だから）、換言（つまり）、理由（なぜなら）、例示（たとえば）、並列（また）、補足（ちなみに）、添加（さらに）　など
・文末表現：強調（のである）、問い（だろうか）　など
・ナンバリング：まず、次に、第三に　など

事例 5

中心人物の気持ちの変化の読み取りが苦手

ケースファイル

小学校4年生のりょうたろうくんは、国語の授業が嫌いです。なかでも、物語文の時間が最も苦手です。

「これ」「それ」などの指示語が示すものを探すなどの問題はすぐに答えられますが、登場人物の気持ちを文章から読み取るように問われると、固まってしまいます。

まず、その場では
気づいたときにすぐできる支援

1 例を示す
線を引き、「○○というような気持ちが読み取れます」と例を示して説明のしかたを教える。

2 発問を変える
「気持ちが読み取れますか。"はい"か"いいえ"で答えてくれる？」と発問のしかたを変える。

こんな姿も…

● 人が傷つくようなことを平気で言って、自分は気にしていない

● 日頃から自己中心的な発言が多い

● 聞き返したり質問したりすることがほとんどなく、静かに困っている

NG その場での対応、これはNG！

「もし自分だったらと考えよう」と言う

人の立場に立つことがむずかしいという背景を知らなければ、指導や支援の糸口が見出せません。また、どんな点に気をつけると気持ちが読み取れるのかを指導せず、「考えろ」と言ったのでは、子どもが混乱するだけです。

こういう視点が必要です

■ 相手の立場で考えることに困難を覚える子どもがいる

相手の心情を察したり、相手の立場を考えたりすることが困難な子どもがいます。りょうたろうくんの場合、まだ確定はできませんが、可能性には留意しておく必要があります。

このような状況なら相手はきっとこう考えるに違いない、といった心情の理解がむずかしいと、物語文の読解に対する苦手意識が強くなります。「気持ちを読み取ろう」という課題や、挿し絵に吹き出しをつけ、「何と言っているか考えよう」といった授業展開は、その苦手さを助長します。

■ 「気持ちの読み取り方」を教えているか

算数では、問題の解き方を教えます。ところが、国語の授業では、「どう感じた？」「どう思った？」と感じたことを言わせることが中心で、気持ちの読み取り方は教えられていないことが少なくありません。

気持ちの読み取り方を論理的に教えることを考えましょう。

背景要因をさぐってじっくり支援 →

氷山モデルでチェック

思いあたることはありませんか？
かくれているのは、こんな要因かも

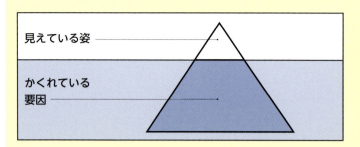

見えている姿
かくれている要因

見えている姿	☐ 人の気持ちや考えを直感で理解できない ☐ 相手の視点に立つことがむずかしい ☐ 他人は自分と異なる考えを抱いているかもしれないと想像できない	☐ 場面や状況をイメージすることがむずかしい ☐ 物語に関係する事象を結びつけて考えるのがむずかしい
かくれている要因	「心の理論」「社会的認知」のつまずき	イメージする力（→ p.74）の弱さ

☐ 会話文、地の文、擬音語、擬態語など、習ったことが定着していない ☐ これまでの学習内容と関連づけて理解することがむずかしい	☐ 中心人物の気持ちの変化の読み取り方について指導を受けていない ☐ 物語の伏線や、気持ちの変化のきっかけとなることを読み取るのがむずかしい
既習事項の未定着	必須スキルの未習得

☐ 質問されたことがわからないときに、素直に「わからない」と言えない ☐ できない・わからない状況を恥ずかしいと思っているようだ
援助要求スキルのとぼしさ

※代表例を示しています。チェックがつかない場合でもあてはまることがあります。

用語解説［心の理論］

他者にも自分と同じように心が宿っていると見なすことができ、相手の心的状態を理解し、それに基づいて他者の行動を予測することができる力をいう。

事例⑤ 中心人物の気持ちの変化の読み取りが苦手

支援プラン（クラス全体＆個別）

要因 さまざまな要因

思考の道筋がわかる読み方を教える

● ポイントとなる表現に着目させる

「○○の心情について考えよう」と言われても、りょうたろうくんのように物語文の読解を苦手だと感じている子どもには心理的な負担でしかありません。会話文に着目するのか、行動に着目するのか、擬音語や擬態語などの表現技法に着目するのか、よくわからないからです。そこで、どのことばに着目すると心情を考えるヒントになるのかを、わかりやすく教えます。

一般的に、小学校2年生では「感情表現」、3年生では「行動描写」、4年生では「心内語」「色彩語」、5年生では「情景描写」に着目します。

教師がこの点をおさえておくことが重要です。該当する表現をピックアップして、その表現を用いた場合と用いない場合を比較しながら教えるのです。

● 悩んでいる子にスポットライトをあてる

個別にワークシートをつくって与えるよりも、悩んでいる子がいることにスポットライトをあてて、わかりにくいと思われる事柄をみんなで解決したほうが、授業は充実します。なぜ「わからない」と感じたのかが明確になると、思考がいっそう深まるのです。

「今、むずかしそうな顔をしている人が何人かいたので、お互いにどんなところに気をつけて探しているのかを話して確認し合おう」と伝えると、クラス内の理解の開きを、学び合うチャンスにすることができます。

支援プラン（クラス全体＆個別）

個への支援　要因　「心の理論」「社会的認知」のつまずき、イメージする力の弱さ

他者の気持ちを確かな推測のレベルで理解できるように

● 「心の理論」の獲得を助ける

　自分の行動が相手におよぼす影響を感じ取るには、「心の理論」の獲得が必要です。これがないと「もしかして……」という推測が生まれにくくなります。「心の理論」は相手からされたことに対する感情を整理するにも必要で、これがないと「きっと……」という推測がむずかしくなります。

● 伏線となる行動をレベル別に整理する

　登場人物の気持ちを読み解くために、その伏線となる行動をレベル別に整理したふきだしを使って理解を支えます。

個への支援　要因　イメージする力の弱さ、既習事項の未定着

ほかの子の発言をヒントにして学びを深める

● モデル発言を自分のことばで言い替えさせる

　「いいです」「同じです」ではなく、モデルとなるクラスメートの発言を「あなたのことばで話してごらん」と指示して言い替えさせます。

● 想像したり再構成したりする時間を設ける

　ある子どもの発言の途中で、「ストップ。ここまでのAくんの発言の続きを想像してノートに書きましょう」というように指示します。あるいは、「Aくんは人物の気持ちの変化をくわしく説明してくれました。これを短くまとめてノートに書きましょう」などと指示するのもいいでしょう。

事例⑤　中心人物の気持ちの変化の読み取りが苦手

クラス全体　　要因　援助要求スキルのとぼしさ

安心して「わからない」と言える環境に

● 「わからない」をさまざまな言い方で表現

　みんなの前で「わからない」と言うのは、大変勇気のいることです。間接的に「わからない」ことを伝えることばを、授業に積極的に取り入れるようにします。

● 机間巡視は学習ができる子どもから

　物語文の読解が困難であるからといって、まっ先にりょうたろうくんのもとに個別支援に向かうと、やがてできないことを隠そうとするかもしれません。机間巡視は学習ができる子から始めるなど、プライドを傷つけないよう配慮しましょう。

「わからない」のさまざまな言い方

力をつけるために　要因　既習事項の未定着

表現技法の効果を味わわせる

● これまでに習った作品をとおして

　表現技法を学び直すことで読みの深さが変わります。どの部分が弱いかを見極め支援しましょう。

● 小学校でおさえておきたい表現技法とその効果

・擬音語、擬態語：音、ようすを表す
・色彩語：色を表すことば
・心内語：思ったこと。地の文の一種
・行動描写：行動から心情がわかる
・情景描写：景色から心情がわかる
・擬人法：物を人にたとえる
・額縁構造：「現在→過去→現在」など

事例 6

文字を覚えられない、形がととのわない

ケースファイル

小学校2年生のごうたくんは、文字の形がなかなか覚えられません。1年生のときは、ひらがなの「え」「を」「ん」など形のととのわない文字があり苦労していました。いっしょうけんめい見ながら書いて、時間もかかります。今日は新しく習った漢字をノートに書き写すとき、書けない文字があり途中でやめてしまいました。

まず、その場では　気づいたときにすぐできる支援

1　書けた部分を評価する
　　書いたなかでいちばんよく書けている文字をほめる。

2　そばで声をかける
　　「頭」は「よこ、口、ちょん、ちょん、よこ。よこ、ちょん、目、ちょん、ちょん」のように。ひと文字書けたら「やった、書けたね」！

こんな姿も…

● 拗促音が抜けていたりまちがって書いたりする

● 棒の数が多かったり少なかったり、偏（へん）と旁（つくり）を逆に書いたりする

● 大きさ、位置関係のバランスがとれない、枠から大きくはみ出す

NG その場での対応、これはNG!

「もっとよく見て！」と言う

見て書く作業をしていてうまくいかない場合、ものの形や線の重なり具合を把握する力が弱い可能性があります。ごうたくん自身は、熱心に見て取り組んでおり、この指示は効果がありません。

こういう視点が必要です

■見る力や書く力、思い出す力などのつまずきがあるのか

努力する姿勢はあって、ほかの子と同じように取り組んでいても、文字が覚えられない、形がとれないという場合、なんらかのつまずきがあると考えるべきでしょう。

つまずきには、大きく分けて見る力（見たものをとらえる理解力）のつまずきと、書く力（書く動作を正確に再現する力）のつまずきがあります。

より細かく分析すると、p.44に示す氷山モデルのようになります。

■背景を理解する

ちょっと見は努力する姿が見えない場合も、早計に「ふざけている」「怠けている」と決めつけないことも大切です。どの子も、けっして勉強したくない子ではありません。

誤解せず、背景にあるものを理解するようにしましょう。

背景要因をさぐって　じっくり支援　→

氷山モデルでチェック

思いあたることはありませんか？
かくれているのは、こんな要因かも

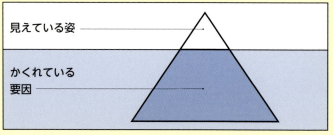

見えている姿
かくれている要因

見えている姿	☐ 特殊音節（→ p.26）の読みまちがいがある ☐ 拗促音（ゃ・ゅ・ょ・っ）、長音の抜け、書きまちがいがある	☐ 視線が合わないことが多い ☐ 注意散漫に見えることがある ☐ 読むとき文字とばしや行とばしがある
かくれている要因	音韻認識（→ p.26）の弱さ	眼球運動のつまずき

☐ 線が足りなかったり多かったりする ☐ 鏡文字を書く ☐ 文字の構成要素は合っているがバランスがととのわない	☐ 書き写すのに時間がかかる ☐ 文字の細部が不正確
視覚認知の弱さ	視覚性のワーキングメモリ（→ p.62）の弱さ

☐ 文字の最後が止められない ☐ なぞり書きで線がずれる ☐ 筆圧が弱い、または強すぎて鉛筆の芯を折ることがある
運動コントロールの弱さ

※代表例を示しています。チェックがつかない場合でもあてはまることがあります。

用語解説［視覚認知］

視覚認知のはたらきには、大きく分けて細部視知覚と全体視知覚とがある。文字の見分けは細部視知覚のはたらきによる。

事例⑥　文字を覚えられない、形がととのわない

支援プラン（クラス全体＆個別）

要因　さまざまな要因

みんなが書きやすいように

●いつでも確認できるようにする
　五十音表、新出漢字表を手元に置いて、確認できるようにします。
　新出漢字の学習では、1文字黒板、色分け筆順も必ず提示しておきます。

●授業進行での留意点
　子どもたちが書く作業をするときに別の指示を出さない、作業の注意点は事前に説明して板書しておくなど、日頃から留意します。

●板書での留意点
　板書にあたっても、書き写しやすいよう、
・行間、余白をきちんととる
・語の途中での改行は避ける
といった点に留意します。

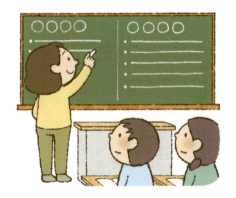

　また、黒板を半分に区切って、半分は消さずに残しておく、書き終わったのが確認できてから消す、というようにすれば、書き写すスピードが遅い子どもがいる場合のさり気ない配慮になります。

●補助線のあるます目のノートやワークシートを使う
　書くことの負担感を減らすために、ます目の大きい（25ミリぐらい）ノートまたはワークシートを使います。位置関係を意識できるよう、十字に補助線の入ったものを用意します。
　補助線入りワークシートは、漢字学習には、字の形に応じてアレンジしたものも用意します（→p.51）。

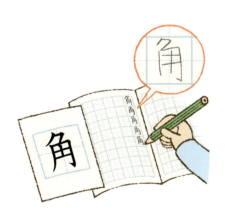

支援プラン（クラス全体＆個別）

要因 音韻認識の弱さ

小さく書く字を意識できるようにする

●よく似たことばのカードを見比べて

まずは、小さく書く字（拗音と促音）の存在を意識できることが大切です。「りゆう（理由）」と「りゅう（龍）」、「びようしつ（美容室）」と「びょうしつ（病室）」など、よく似たことばのカードを用意して、並べて1字ずつ比べ、違いに気づけるようにします。

●その音が入ることばを集めて

「きゃ」「きゅ」「きょ」「きっ」などから1つ選び、同じ拗音・促音のあることばを集めるクイズをして、「ゃ」「ゅ」「ょ」「っ」の定着を図ります。

要因 運動コントロールの弱さ

手をそえて書き方を教える

●書き始め、止めなどポイントを示しつつ

書き始め、曲げ、止め、はらいなど、注意すべきポイントを言いながら、手をそえて書く動きを教えます。

●評価はその子のがんばりを大切に

指導に熱心なあまり、とめ、はね、はらいなどを厳密にチェックして、小さなまちがいも「×」とすることがあるかもしれません。ただそれが、子どもの意欲をそぐことになっていないか、ふりかえってみることも大切です。その子のがんばりを大切に、意欲につながる評価にしたいものです。

事例⑥　文字を覚えられない、形がととのわない

 要因　眼球運動のつまずき

ときどき目玉の体操をしよう

●授業の区切りなどを利用して

　日々の活動のなかに、見る力をつける体操を取り入れてみましょう。

　授業の区切りなどを利用して、レクリエーションとして行ってもいいでしょう。

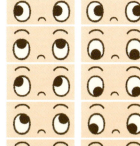

①右と左　10回ずつ
②上と下　10回ずつ
③右上と左下　10回ずつ
④左上と右下　10回ずつ
⑤回す　ゆっくり大きく　2まわりずつ
⑥寄り目　10秒2回

親指をゆっくり鼻先に近づけて2本に見える直前でストップ

資料：増本利信「目玉ぐりぐり体操」(阿部利彦編著『クラスで気になる子の支援　ズバッと解決ファイル　NEXT LEVEL』p.144)

 要因　視覚認知の弱さ、視覚性のワーキングメモリの弱さ

遊びのなかで視覚認知力を高める

●カラー粘土や毛糸などを使って

　1画ずつ色を変えて作ります。線分の重なり具合がよくわからない子どもに試してみるといい方法です。粘土でなくても、太い毛糸やひもを切ったものなどでできます。

●絵カードやトランプで神経衰弱

　動物や乗り物など、子どもが好きな絵柄のカードで神経衰弱をします。トランプでもできます。最初は枚数をしぼって行います。

　注視し、カードの中身や位置を覚えておくことの繰り返しで、少しずつ力がついていきます。

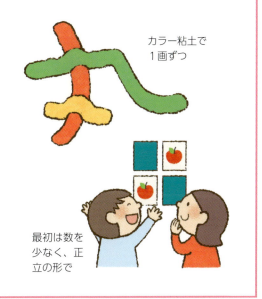

カラー粘土で1画ずつ

最初は数を少なく、正立の形で

事例 ⑦

漢字が書けない、まちがいが多い

ケースファイル

小学校4年生のだいすけくんは、とにかく書くことが苦手です。漢字テストでは空欄が多く、書けても雑で、誤答になりがちです。作文も観察記録も、投げやりな文字を書いてしまいます。うまく書けないことをかくすかのように、最近は書くこと自体をいやがったり、授業中にふざけたりすることも見られるようになりました。

まず、その場では
気づいたときにすぐできる支援

1 「書きのつまずき」を認識する
ふざける姿の背景には「書きのつまずき」があるかも。じっくり時間をかけたほうがいいと認識することが大切。

2 取り組みやすい課題を提示してみる
「こちらのワークシート作戦やってみるかい？」というように。ただし、関係づくりが前提なので急がず対応する。

こんな姿も…

● 画数の多い漢字は書くのを最初からあきらめている

● 教師がそばを通るとノートやプリントをかくそうとする

● 書いても筆順はめちゃくちゃなことが多い

NG その場での対応、これはNG!

「努力が足りないからだ」と叱る

書くことへの苦手意識が定着するまでには、がんばってもできない、練習しようとしてもうまくいかない経験をしていると思われます。これまでの方法で努力や練習を強いても、苦手意識を強めることにしかなりません。

こういう視点が必要です

■困難の度合いを見極める

書くこと自体をいやがったり、まじめに取り組むべき時間にふざけたりする姿の陰には、これまでに努力して報われなかった経験が潜んでいると見るべきです。いわば困難の二次的影響が出ているわけです。

困難の度合いを見極め、だいすけくんに合った評価を工夫したり、従来の方法以外の学習方法を準備したりする必要があります。

■書字以外での学習も考える

文字を書く能力は学習のあらゆる場面で求められます。しかし、学習の目的によっては、必ずしも書字が必要なわけではありません。学ぼうとする意欲が、文字を書くことの苦手さで損なわれることのないよう、たとえばパソコンでの作文を認めるなどの方法も考えていきたいものです。

背景要因をさぐって じっくり支援 →

氷山モデルでチェック

思いあたることはありませんか？
かくれているのは、こんな要因かも

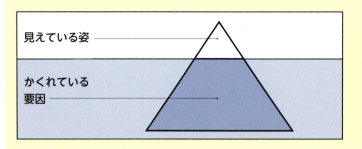

見えている姿	☐「行く」を「言く」と書くようなまちがいをする ☐ 漢字テストで空白の部分が多い	☐ 筆順を覚えられない、よくまちがう
かくれている要因	記憶した文字を想起する力の弱さ	継次処理の力の弱さ

	☐ 文字と音を一致させるのに時間がかかる ☐ 板書を1字ずつ確認しながら書き写す ☐ 文字を書いては消し、書いては消しを繰り返す	☐ 日常生活の動作全般が雑（例：ドアの開け閉め、物の置き方など）
	音韻認識（→ p.26）の弱さ	運動コントロールの弱さ

	☐ 過去の指導でやる気がない、努力が足りないと誤解されてきた ☐「どうせできない」と言う
	学習性無力感（→ p.68）

※代表例を示しています。チェックがつかない場合でもあてはまることがあります。

用語解説 ［継次処理］

情報を時間的順序に沿って1つずつ一定の方法で処理することを継次処理という。対して、一度に多くの情報を空間的、全体的に統合し処理する方法を同時処理という。

事例⑦　漢字が書けない、まちがいが多い

支援プラン（クラス全体＆個別）

要因 さまざまな要因

覚えやすい書き方を教える

●イメージで定着を図る

「しんにょう」は人が正座しているところ、「走」は人が走っているところというように、絵が思い浮かぶようにイメージ化して定着させる方法があります。

また、漢字をイラスト化したカードを活用してみるのもいいでしょう。

●機会をとらえて意識づける

一人ひとりに合わせた効果的な覚え方を見つけましょう。

・新出漢字を習うとき
・漢字テストの前後
・その字が話題になったとき

これらのときに、どう覚えるかを確認します。クラスの子どもたちがそれぞれ実践している方法を教え合う機会をつくるのもいいでしょう。

●ワークシートで書きの負担感を減らす

漢字の練習は、ワークシートを用意して取り組ませるようにします。

・加筆課題

最後の1画だけ書き込めば文字が完成するもの、部首ごと抜けているものなど、徐々に書く部分が増えるようにします。

・補助線のパターンを選べるシート

文字の構成部分を意識して書けるよう、補助線が偏（へん）・旁（つくり）、にょう、かんむり、あしの形に入っている各パターンを用意し、子どもたちが自分で選んで使えるようにしておきます。

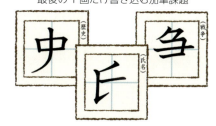

加筆課題のワークシート
最後の1画だけ書き込む加筆課題

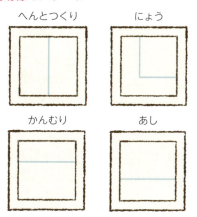

補助線のパターン
へんとつくり　　にょう
かんむり　　あし

支援プラン（クラス全体＆個別）

 要因 記憶した文字を想起する力の弱さ、音韻認識の弱さ

ふだんから文章で言う練習をする

● 使い方といっしょに覚えるようにする

　その文字だけを覚えようとするのではなく、例文といっしょに覚えるようにします。同じ音の別の漢字を書いてしまうというまちがいを防ぐことができます。例文は折にふれ唱え、正しい漢字が定着するようにします。

● 覚えるときは音読みもいっしょに

　訓読みの漢字が出てきた場合には、音読みもいっしょに教え、熟語として覚えるようにします。漢字それぞれの意味の指導を大切にします。

  要因 継次処理の力の弱さ

パーツの組み合わせを教える

● 記憶しやすく、思い出しやすい工夫

　筆順が入りづらい子どもの場合、文字の形は、全体のイメージやパーツの組み合わせで覚えるようにします。その子になじみのあるイメージをさぐり、記憶しやすく思い出しやすい覚え方を工夫します。

● 漢字の成り立ちから教える

　漢字の成り立ちをいっしょに教え、形を思い出しやすいようにします。漢字成り立ちカードにして、いつでも見ることができるようにしておくといいでしょう。

漢字成り立ちカードでイメージをつける

事例⑦　漢字が書けない、まちがいが多い

要因 さまざまな要因

書く以外の表現方法を取り入れる

● 合理的配慮が求められている

　能力の偏りのために書くことが苦手な場合、書くことを強要しない配慮も必要です。
　書くことそのものより、理解や表現の内容が重要な場面では、別の表現方法がとれないか、合理的配慮の検討を行います。

● 聞き書き、パソコン利用など

　子どもが話すのを代筆する聞き書き、絵をかいて口頭で説明を加える代替的な表現方法、パソコン等のICTツールを利用した作文など、得意な方法から目的に応じて取り入れます。

要因 学習性無力感

ていねいにかかわり続ける

● 将来に向けた思いを育てる

　将来にわたって文字を書く必要はずっとあることがわかるようにしたいものです。大人になったら何になりたいか尋ねて、その職業で予想できる文字を書く場面を整理して話してみるなどもいいでしょう。

● 今の姿を否定せず、モチベーションにつなげる

　「がんばる」との返事には、「協力するよ」「応援するね」と、教師が味方であることを伝えます。現在のその子の姿を否定せず、モチベーションにつながるかかわりを続けます。

先生に読んでもらおうというモチベーションにつなげる

事例 8

作文が苦手で書くのをいやがる

ケースファイル

小学校3年生のひろゆきくんは、日記や作文が大嫌いです。授業時間内に終わることがほとんどなく、「残りは宿題」と言われるのもいやです。「どう書けばいいのか、よくわからない」と言います。また、文字や改行などについての細かなミスを指摘されるので、いっそう作文が嫌いになっています。「えー、また作文!?」が口癖になってしまいました。

まず、その場では　気づいたときにすぐできる支援

1　拙い文章でも、作品を評価するようにほめる
　1文でも2文でも、書いたらほめる。「渾身の力作だ」「着眼点がいい」「心がこもっている」などを用いる。

2　やり直しさせない、授業時間だけで終わらせる
　書くことそのものを楽しめるように。書字や作文ルールの指導はあとからいくらでもできると覚悟を決める。

こんな姿も…

● 課題に作文が出るだけでいらいらするような姿を見せる

● 話が長く、まどろっこしいことが多い

● 何に対しても興味を示さず、面倒くさそうな態度をとる

NG その場での対応、これはNG！

ただ「自由に書けばいい」と言う

書き方がわからず不安な子どもは「自由に」と言われても書けるようにはなりません。まずは少しでも書けたことをほめ続けて、自分から見せるようになったら、「こうすると、もっとよくなる」と修正点を伝えていきます。

こういう視点が必要です

■「作文嫌い」を変えるには、小さなことにこだわった指導ではだめ

本来、作文は「今の自分の記録」です。いずれ、ふりかえったときに「こんな時期もあったなあ」と楽しく思えるものであってほしいものです。ところが、文字の誤りを修正されたり、漢字を使っていないことを指摘されたり、句読点を入れるようにいわれたり、書き始めに１マスあけていないことを叱られたり……。

これでは「書いてみたい」という気持ちすら失せてしまいます。作文のつまずきの原因の多くは、大人がつくり出した「窮屈さ」かもしれない、そんな発想をもつようにしましょう。

■「感じる心」「書きたい材料」がない子どもではない

作文が苦手だからといって、表現することが嫌いな子どもとは限りません。絵をかいたり、お話をしたり……、ひろゆきくんはどうでしょうか。作文を書くことをむずかしく受け止めるのではなく、日常世界を書き留めるための「感じる心」こそ大切にしたいものです。

背景要因をさぐってじっくり支援 →

氷山モデルでチェック

思いあたることはありませんか？
かくれているのは、こんな要因かも

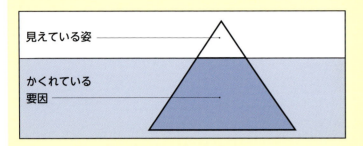

見えている姿	☐ 作文と聞いただけで拒絶反応を起こす ☐ 作文用紙にルールどおり書いたり、推敲（すいこう）したりするのをいやがる	☐ 筋道立てて考えることが苦手 ☐ 書いているうちに本題からそれていく ☐ まとまりのつかない話をする
かくれている要因	これまでの作文指導への嫌悪	プランニングの弱さ

	☐ 表記の誤りが多い ☐ 文法的にととのった文章が書けない ☐ 表現技法を知らないので書けない	☐ 文章に書かれている情景をイメージするのがむずかしい ☐ 日常に起こる事象を自分に関連づけて考えられない
	必須スキルの未習得	イメージする力 (→ p.74) の弱さ

	☐ 書くべき内容を思いつかないと言う ☐ 何を書いたらいいかわからないと言う ☐ 何かにつけて「めんどくさい」と言う
	学習性無力感 (→ p.68)

※代表例を示しています。チェックがつかない場合でもあてはまることがあります。

用語解説［プランニング］

プランニングとは、所定の目標を達成するために、遂行方法を計画したり、複数の方法のなかからより適切な方法を選択したりする力のことをいう。

事例⑧ 作文が苦手で書くのをいやがる

支援プラン（クラス全体＆個別）

要因　さまざまな要因

「書くことは楽しい」を定着させる

● 作文に取り組むだけで、頭を使っている

　１文書くだけでも、頭の中でエピソードを思い出し、文字を書き、まとめています。細かい部分を修正しようとすればするほど、作文嫌いが増えていってしまいます。作文に取り組めたということだけでもほめるようにし、笑顔で作文の学習に向かう土台づくりを心がけましょう。

● ２行作文から始める

　はじめは、２行の作文から始めます。２つの文を作ることができれば、すぐにほめます。また、文の相互の関係が正しければ、それもすぐにほめます。接続語を使って、２つの文をつなげることができたら、さらにほめます。

　行が長いと書く意欲がなくなってしまう子どももいます。はじめのうちは、用紙の１行を太めに、行の長さを短めにしておくようにします。

● ３行作文では、順序を大切にする

　３行作文の場合は、時間の経過や因果関係などの順番を意識するよう指導します。右の絵のように、「大きなこと→小さなこと→感想」のように、型を決めておきます。

● 子どもの実態に合わせて指導レベルを調整する

　全体を指導する際も、作文は個別に指導できる場面が多いので、その子の作文のレベルに合わせて指導するように心がけます。ひろゆきくんの場合は、期待値を高く設定しすぎないようにします。

支援プラン（クラス全体＆個別）

 要因　これまでの作文指導への嫌悪、プランニングの弱さ

書き出しの支援、聞き書きの支援から

●書き出しのことばを決めておく

「せんせい、あのね……」のような書き出しのことばを決めて、必ずそれで始めるようにすると、続けて書くことができます。

●口頭で説明させた聞き書きを手本に

子どもにエピソードや思っていることを語らせ、それを聞き書きします。その、教師が書いたものを手本とし、書き写すことで完成まで導きます。この時点で大切なのは、「書きあげた」という実感です。

 要因　必須スキルの未習得

モデル作文をとおして表現技法のよさに気づかせる

●教師がモデル作文を示す

短くてもいいことを伝えるために短めの文を示したり、気持ちを表現することを伝えるために、気持ちを記述した作文を取り上げたりして、「ここがいい」と伝えます。この程度でも作文として認めてもらえるんだ、という評価に関連したモデルを示せば、安心感をもたらします。

●表現技法を取り入れている子をほめる

事例④や事例⑤で示した表現技法を、自ら使っている子どもを見つけたら、すかさず「おぉ！すごい！」と教室中に聞こえる声で伝えます。

表現技法を使うとわかりやすくなることをほめる。学習した表現技法をみんなが自然に使いたくなる

事例⑧　作文が苦手で書くのをいやがる

要因 プランニングの弱さ、イメージする力の弱さ、学習性無力感

表現するまでの道筋をつける

● 図・写真・身体表現で理解を深める

　作文の発表をとおして、聞き慣れないことばに出会ったら、図や写真などで見てみる、動作にしてみるなどで、理解を促します。頭の中だけでイメージを深めようとしないことが大切です。

● 中心事項と周辺事項を整理して書かせる

　テーマがぶれないように、まず中心となる事項を書き出してから書き始めるようにさせます。事例④で示した構成図を書いておくのも有効です。作文の時間だけで指導するのではなく、ほかの教科とも関連づけ、作文の土台を築くようにします。

要因 必須スキルの未習得、イメージする力の弱さ

書き方のこつを教える

● 物語文の心情理解のポイントを作文に生かす

　事例⑤で、物語文の読解では学年ごとにポイントとなる表現技法があると述べました（→ p.39）。これを作文に生かします。

● 気持ちや思いを行動描写や情景描写で表現

　たとえば、運動会で負けてくやしかったという感情表現を、行動描写や情景描写に書き換えるよう指導します。「負けた瞬間、何をしたの？」と問いかければ、その答えは行動描写にできます。「まわりに何が見えた？」と問えば、その答えは、情景描写で表せます。

事例 9

繰り上がり・繰り下がりの計算ができない

ケースファイル

小学校1年生のあゆみさんは、3学期になっても足し算・引き算で苦労しています。繰り上がり・繰り下がりがあると、計算自体をいやがります。よく見てみると、今日は指を折って数えながらドリルに取り組んでいました。ほとんどの子が終わってもまだ半分ぐらいしかできておらず、きまり悪そうにやめてしまいました。

まず、その場では　気づいたときにすぐできる支援

1　指で数えることを認め、できたところをほめる
「指で数えていいよ」とあゆみさんの方法を認める。また、途中まで書いていれば、できているところをほめる。

2　「残りはあとで先生としようか」と誘う
その場では、放課後いっしょに取り組む約束をする。個別にしっかりかかわる必要があると認識することが大切。

こんな姿も…

● まとまりとしての数をとらえる力が弱い

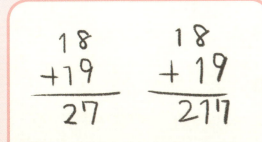

● 筆算の足し算で繰り上がりのミスが多い

● 筆算で計算するとき、数字を書く位置が一定していない

NG その場での対応、これはNG！

できなかった問題を家でさせる

　指を折って取り組む姿からは計算のしかた自体が身についていないと思われ、今の状況のままで宿題にしても意味がありません。家庭学習でなく、まずは状態像と誤りの分析をして、学校でできる指導を考えましょう。

こういう視点が必要です

■ どの段階でつまずいているのか

　繰り上がり・繰り下がりのある計算をするには、10の補数関係と、10までの数の合成・分解が定着している必要があります。
　たとえば、7＋6という足し算であれば、
①7を10にするには、あと3が必要（10の補数）。

②6は3と3に分解できる（数の分解）。

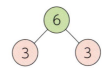

この形をさくらんぼ算ということもある

③7と3で10とし、残り3（数の合成）を1の位に書く。

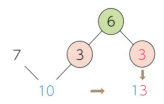

という手順をふむことになります。
　すでに学習している内容であっても、あゆみさんの場合、まだ定着にいたっていないと考えるべきでしょう。手順のうち、どの部分で理解がおよんでいないのか見極めて、定着させる方法を探します。

背景要因をさぐってじっくり支援

氷山モデルでチェック

思いあたることはありませんか？
かくれているのは、こんな要因かも

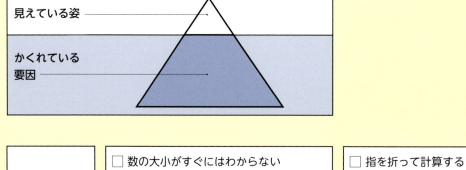

見えている姿
かくれている要因

見えている姿	☐ 数の大小がすぐにはわからない ☐ 物やドットの数をすぐに答えられない	☐ 指を折って計算する ☐ 目で数えたり頭の中で操作したりができない
かくれている要因	**数量概念の力の弱さ**	**念頭での数の操作の未定着**

☐ さくらんぼ算 (→ p.61) でまちがうことが多い
☐ 手順は合っているのに計算まちがいが多い

既習事項の未定着

☐ 1の位の計算で出た繰り上がりや繰り下がりの数字を忘れる

ワーキングメモリの弱さ

☐ 筆算のケタがずれることが多い
☐ 筆算で数字を書く場所がまちまち

視覚認知の弱さ

※代表例を示しています。チェックがつかない場合でもあてはまることがあります。

用語解説 ［ワーキングメモリ］

作業記憶ともいう。ものごとを操作する際、情報を一時的に保持しておき、適切な過程でまた取り出して使う記憶。またその記憶を保持する機能や領域をいう。

事例⑨ 繰り上がり・繰り下がりの計算ができない

支援プラン（クラス全体&個別）

要因 さまざまな要因

見て確認できる手だてを用意しておく

●数字・読み・ドットが対応した表を手元に

数字と数詞（読み）、ドットを対応させた表を用意します。ラミネート加工して複数作り、誰でも使えるようにしておくといいでしょう。

日常的に目にすることで身につきやすくなります。また、心配なときに見て確認することで定着しやすくなります。

●20までの数直線を用意

数概念の基礎となる数系列（数の並び方）の定着を助けるために、20までの数直線を手元に置いておけるようにします。

計算問題だけでなく、文章題の引き算「差はいくつでしょう」「どちらがどれだけ多いでしょう」などの問題を解く際にも、数の大小を確認して立式したり、答えを確認したりするために使うことができます。

●手順カードを用意

計算の手順を理解するために使います。カードを読みながら計算を進めます。家庭学習でも活用することができ、説明のことばが同じなので定着しやすくなります。

黒板で提示したものと同じ内容のものを個人で使えるようにリングで留めておくと、繰り返し使うことができます。

支援プラン（クラス全体＆個別）

要因 さまざまな要因

どこでつまずいているか見極める

●残りの問題をいっしょにしながら

「どこまでわかった？」と尋ね、あゆみさんがわかっている手順は本人に説明させます。説明が合っているところまで確認し、残りを教師といっしょに取り組みます。

●正しい手順を言語化する

教師が正しい手順をことばで言いながら実際にやってみせます。あゆみさんにも復唱させます。その後、あゆみさんが1人で言語化しながら解いているかどうかをそばで確認します。

あいづちを打ち確認

要因 数量概念の力の弱さ、既習事項の未定着

見て、唱えて操作する経験を

●具体物の操作で理解を助ける

まずは具体物で、運動感覚や視覚的な手がかりをとおして理解が進むよう支援します。

●半具体物の操作で定着を図る

ブロックや集合タイルを使って、分解・合成の操作を繰り返し、経験的に理解できるようにします。このとき、ブロックやタイルを縦に並べると、高さの比較で大小や違い（の数）がわかり、理解しやすくなります。見ながら「5は3と2」「3と2で5」のように唱えさせると、視覚情報と言語情報が一致して定着しやすくなります。

事例⑨　繰り上がり・繰り下がりの計算ができない

　要因　既習事項の未定着

定着を支えるための手だてを

● 確認できる手だてを用意

10の合成・分解カードを手元に置き、いつでも確認できるようにしましょう。ラミネート加工しておくと繰り返し使用することができます。

7や8の補数の理解につまずく子が多いので、6の次に9を教えてもいいでしょう。

6〜9の補数カード

● 念頭操作のプリントで定着させる

「4と3で7」のような操作を、念頭でできるようにするためのプリントを用意します。

数字の組み合わせを変えて取り組めるようにしましょう。

念頭操作のプリント

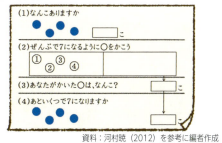

資料：河村暁（2012）を参考に編者作成

　要因　ワーキングメモリの弱さ、視覚認知の弱さ

計算用紙に繰り上がり・繰り下がりのマスを設ける

● 3種類のなかから

繰り上がり、繰り下がりの数字を書くマスを設けた計算用紙を用意します。マスを設ける場所は3通りあります。子どもが自分で使いやすいものを選べるようにしておきます。

パターン	長所	短所
①	めだつ	3つ足さなくてはいけない
②	位がわかりやすい、順序よく足せる	書きにくい
③	位がわかりやすい	答えにかぶってまちがいに見えることがある

パターン①
式の上に大きく

各自が計算用紙を選んで使う

パターン②
数字の横に小さく

パターン③
数字の上に小さく

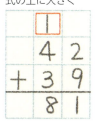

事例

割り算ができない

ケースファイル

小学校4年生のゆづるくんは、割り算がマスターできません。筆算の手順がわからないようなので「商を立てる、かける、引く、おろす」と教えるのですが、そのときはできても、次の機会には忘れてしまっています。今日も、教科書の練習問題をノートに書くとき、商を立てるところから迷っているようです。

まず、その場では 気づいたときにすぐできる支援

1 「前のノートを見てみよう」と声をかける

その場ではわかったつもりでも定着していないということがあるので、まずは前に習ったことを確認させる。

2 ヒントを出す

「○を立てて……」と商を言い、そのあとができるかどうか、つまずきがどこにあるかを観察する。

こんな姿も…

- 「半分」「倍」「2倍」などのことばで混乱してしまう

- 「○人で分けて」と言われても、どうしたらいいかわからない

- 割り算なんか、できたって意味がないと言ったりする

🆖 その場での対応、これはNG!

「どこがわからないの」と尋ねる

割り算は手順が複雑です。この質問では、できない理由を詰問されているように感じさせてしまい、かえって不安を強めてしまいます。つまずきの原因を教師の側からさぐっていく必要があります。

こういう視点が必要です

■割り算の意味がわかっているか

計算の手順がなかなか定着しない背景には、もしかしたら、割り算の意味そのものの理解があいまいという点があるかもしれません。

割り算の基礎は「分ける算」です。食べ物や学校での配付物など、「分ける」という作業は日常的にしているはずなので、その経験とつなげながら、まずは割り算の意味理解を促します。

■割り算の前提となるものの理解はどうか

割り算の筆算の手順をマスターするには、その前提として、引き算の筆算と九九の理解が必要です。この部分のつまずきはないかどうか、確かめてみることもしなくてはなりません。

既習事項の理解について確認したうえで、筆算の手順を定着させる方法を考えていきます。

■用語の理解が壁になっていることも

算数用語の理解でつまずいている可能性もあります。「かける数・かけられる数」「割る数・割られる数」といったことばの意味を理解していないことが、計算手順の理解を遅らせ、苦手意識を生じさせているのかもしれません。

背景要因をさぐって
じっくり支援

氷山モデルでチェック

思いあたることはありませんか？
かくれているのは、こんな要因かも

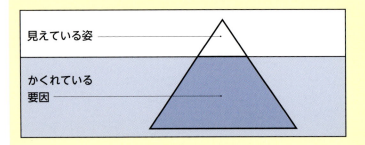

見えている姿	□「○人で分けて」と言われてできない □ かけ算の九九をまちがうことがある □ $\frac{3}{5}$ と $\frac{3}{10}$ のどちらが大きいときかれて混乱している	□「商を立てる、かける、引く、おろす」と言われてもぴんとこない
かくれている要因	**既習事項の未定着**	**イメージする力**（→ p.74）**の弱さ**

	□ 筆算のケタがずれていることがある □ 手順をなかなか覚えられない（計算に限らずさまざまな場面で）	□「倍」と「2倍」が同じだとわからない □「割る数」と「割られる数」「商」の関係がよくわかっていない
	注意力・記憶力の弱さ	**算数用語の理解のつまずき**

	□ 過去の指導でやる気がない、努力が足りないと誤解されてきた □「どうせできない」と言う
	学習性無力感

※代表例を示しています。チェックがつかない場合でもあてはまることがあります。

用語解説［学習性無力感］

努力が成功に結びつかない経験を重ねたことで、何をしても無駄だと思い、努力する意欲をなくした状態、その心情。アメリカの心理学者マーティン・セリグマンの提唱による。

事例⑩　割り算ができない

支援プラン（クラス全体&個別）

要因　さまざまな要因

「むずかしい」をクラス全体の財産に

● 「みんなで考えよう」

　一人ひとりの「むずかしい」「うまくいかない」をクラス全体の財産にしたいものです。「どこがむずかしいのか、みんなで考えよう」と投げかけます。「商ということばがむずかしいのでは？」「いくつ立てたらいいか、あたりをつけるのがむずかしいのでは？」といった具合にミスしやすいポイントを予測し合います。

　その後、「○○したらどうだろうか」と解き方について考えていくようにします。

● 「考える材料をくれてありがとう！」

　困っているから助けよう、という発想よりも、「考える材料をくれてありがとう！」というスタンスで取り上げるほうがうまくいくこともあります。特に、本人に学習性無力感があると思われる場合は注意が必要です。「みんなの前で恥ずかしい思いをしたくない」という気持ちも大切にしましょう。

● 教師がまちがってみせる

　子どもの迷いや誤答を取り上げるだけでなく、たまには教師がわざとまちがってみせるのもいい方法です。どこでまちがったのか、子どもたちに発見させます。

　子どもたちの力で正解にたどり着いたとき、達成感はクラス全体のものになるでしょう。

支援プラン（クラス全体＆個別）

要因 既習事項の未定着

日常生活のなかの「分ける」に着目

● 「半分」や「○等分」の経験をとおして

　割り算の考え方の基本は「分ける」ということです。意味理解が十分でない場合は、ピザやケーキを分けるなど、身近な行為をとおして、数の意味が実感できるようにしていきます。

ピザやケーキを分ける

● 部分と全体の関係に着目して

　見慣れた時計や量りなどを使い、部分と全体の関係に気づけるようにしていきます。

部分がこれだとすれば全体は？

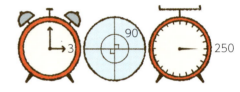

要因 イメージする力の弱さ、注意力・記憶力の弱さ、学習性無力感

本人の学び方に合った"作戦"を教える

● その子に合った手順になっているか

　割り算の計算手順を言語化した「商を立てる、かける、引く、おろす」は、一般的には定着に有効だとされています。それでも、ゆづるくんのようにむずかしいと感じる子はいます。

● 「スイートポテト作戦」で手順を覚えやすく

　台紙（「スイートポテト」と書く）で割られる数のはじめの1位数を残して、あとはかくします。商が書けたら台紙を1位数分だけ「スイーッと」動かし、現れた数を「ポテッと」落とすように書きます。

商を書いたら台紙をスイーッと右にずらし、数字をポテッと落として書く

資料：川上康則「学習のつまずきへの具体的な指導－国語・算数編」（『授業のユニバーサルデザイン』Vol.3 p.59）

事例⑩　割り算ができない

要因　算数用語の理解のつまずき

意味理解を見直す

●混乱している子の気持ちを大切にする

「倍」と「2倍」のように、表現が異なっているために同じ内容だと認識できないということはよくあります。反対に、似た表現を混同してしまう場合も、そうだと思い込んで覚えてしまうことがあります。

また、$\frac{1}{5}$より$\frac{1}{10}$が大きいと考えてしまうのは、分数の意味を考える前に、数字として5より10が大きいという直観に引きずられるのでしょう。

子どもの混乱の理由をふまえ、解釈が異なる場合はていねいに説明します。

要因　既習事項の未定着、算数用語の理解のつまずき

関係性を整理して理解に導く

●数値の関係を図式化

簡単な数値を使って、かけ算と割り算の関係が図式化できます。数式やことばで説明するより、積、商がわかりやすくなります。この関係図はいずれ距離と速さと時間の関係図にも使え、水溶液の濃度の問題などへも応用できます。

●言い替えで理解できることも

「かける数・かけられる数、どっちがどっち？」と迷う子どもは多いものです。日常生活でよく使うことばに言い替えて「もとの数」「いくつずつ」「何個分」などと表すと、混乱が少なくなります。

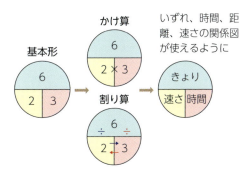

かけられる数　×　かける数
（1つ分の数）　　（いくつ分）

割られる数　÷　割る数
（もとの数）　　（分ける数）

「割る数・割られる数」も、その子にとって理解しやすいことばに言い替えてみるとすっきりするかも

事例 11

文章題になるとわからない

ケースファイル

小学校5年生のえいたくんは、文章題がどうも苦手です。3年生ぐらいまでは、問題文の特徴的なことばで何算かの見当をつけ、数字を式にあてはめる方法で解いていたようです。しかし、このところ式を立てるのがむずかしくなってきました。今日は「長さが3.6mで4.5kgの棒があります。この棒の1kgの長さはいくつですか」という問題で困っています。

長さが3.6mで…
…………？

まず、その場では　気づいたときにすぐできる支援

1　「求めるのは何？」と尋ね、理解度を確認して対応

えいたくんの返事に応じて、次の段階を補う。
① 「わからない」→図にかいて説明する。
② 「長さ」→求めるものがわかっていない。「単位量あたりの計算」であることを伝える。
③ 「1kgあたりの長さ」→問題の意味はわかっているが3つの数字の関係がわかっていないと解釈できる（→p.77）。

こんな姿も…

● 計算問題は比較的得意だが、文章題への苦手意識が大きい

● 指示や説明を最後まで聞かずに行動することがある

● 注意深く考えたり、結果を予測して行動したりすることは苦手

NG その場での対応、これはNG！

「絵にかいてごらん」と言う

問題文を読んで絵がかけるのはイメージがつかめているからです。これまで、数字だけ見て直感的に解いてきたえいたくんには、むずかしいと思われます。まずは、イメージできる手だてを考えることが大事です。

こういう視点が必要です

■パターン的な解き方が通用しなくなったのかも

小数の乗除（5年生）、分数の乗除（6年生）で式を立てる学習につまずく子どもは多くいます。

4年生までは、割り算というと「大きい数÷小さい数」が多かったので、問題の意味を深く考えなくても、パターン的に式を立てることが可能でしたが、5年生以降は「小さい数÷大きい数」という計算も出てきて、そうはいかなくなるのです。

■問題の意味をとらえるための支援を

改めて問題の意味をとらえることができるよう、支援することが大事です。

数値が小数や分数であることでむずかしく思える部分もあります。式を立てるには、ひとまず数値を簡単なものに置き換えてみたり、数直線など視覚的な手がかりを用意したりすることも有効です。

**背景要因をさぐって
じっくり支援** →

氷山モデルでチェック

思いあたることはありませんか？
かくれているのは、こんな要因かも

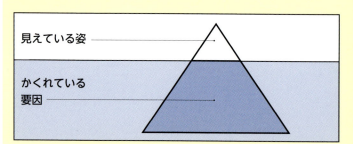

見えている姿	☐ 行動の結果を予測できない ☐ 話を聞いて情景や心情を思い浮かべることがむずかしい	☐ 問題を最後まで読まないで解き始めることがある ☐ 思い込みや勘違いが多い
かくれている要因	**イメージする力の弱さ**	**衝動性の強さ**
	☐ 問題文を読んだだけでは何を求めるかがわからない ☐ パターン的な思考にとどまりやすい	☐ 文章を読んだだけでは未経験のことを理解できない ☐ 言っていい、悪いの区別がつかず相手を傷つけていることに気づけないことも
	論理的思考力の弱さ	**セルフモニタリング力の弱さ**

※代表例を示しています。チェックがつかない場合でもあてはまることがあります。

用語解説［イメージする力］

音声や文字の情報をもとに事象を思い浮かべることができる力。幼児期の見立て遊び（葉っぱの皿でままごとをしたり積木を電車に見立てたりする遊び）ができる頃から、象徴機能の発達とともに豊かになる。

用語解説［セルフモニタリング力］

自己の現在の状況を観察し把握する力。その場での立場や役割を察知し、自分の感情や思考の動きを自覚する力、また、言動の結果やまわりに与える影響などについても把握できる力をいう。

事例⑪ 文章題になるとわからない

支援プラン（クラス全体&個別）

要因 さまざまな要因

文章題を解くときの手順を可視化

●問題文を確実に読むために印をつける

　問題文を確実に読むという手順が身についていない子どもがいます。まずは、なんとなく読んでわかった気持ちになるのを防ぐために、問題文の数字に下線を引きます。また、「問われていること」に波下線を引きます。

　何を答えるかを把握できるまで、立式しないようにすることから始めます。

　印は、下線でなく、丸印やマーカーにしてもいいでしょう。それぞれの子どもの工夫を大事にします。

●文章題を絵にするときはイメージの共有を

　読み取ったことを絵にする際は、いきなりかかせるのではなく、イメージがつきやすいように、途中まで全体で確認して、その続きをかかせるようにします。

　ほかの子がかいている途中の絵にヒントを得ることも、イメージの共有につながります。

●何を求めるのかを整理する

　右下の図のような単位量あたりの計算のパターンを示し、問われていることを□で表します。これで、かけ算なのか割り算なのか、わかりやすくなります。

誰かの方法をみんなで共有することがあってもいい

単位量あたりの計算

支援プラン（クラス全体＆個別）

要因 イメージする力の弱さ、衝動性の強さ、論理的思考力の弱さ

確実に要点をおさえるための支援

●問題文を少しずつ出してイメージさせる

　問題文を小刻みに提示していき、イメージさせてから続きを読みます。p.72の問題の場合、「長さが3.6mで」まで読んで子どもたちが確実に長さ3.6mをイメージしてから、次の「4.5kgの棒があります」を読みます。このとき「単位量あたりの問題です」と説明してもいいでしょう。

●単位を入れ替えて解く

　問題が解けるようになったら、「1kgの長さは」の部分を「1mの重さは」と入れ替えても解けるかどうか試します。

要因 イメージする力の弱さ、論理的思考力の弱さ

数値の関係をことばで確認する

●「ことば式」を立てることで

　問題の内容を把握するためには、ことばと記号で式を立てる練習をします。式を立てる前に1段階置くことで、思考を確かにしていきましょう。

●子どもの思考過程を大事にしながら

　「ことば式」をつくるには抽象概念の操作が必要なので、むずかしいと感じる子もいます。子どもの思考過程を大事にしましょう。

　絵や図などの具体的な操作を取り入れる、子どもが出したことばから出発する、などの工夫も取り入れるといいでしょう。

事例⑪　文章題になるとわからない

要因 イメージする力の弱さ、論理的思考力の弱さ

数値の関係がつかみやすいように

● **簡単な数値に置き換えてみる**

　数値が小数だと混乱するという場合には、まず、数値を1、5、10などの整数に置き換えてみると、棒の長さと重さの関係が理解しやすくなり、立式できることがあります。

● **問題の数値をあてはめて計算**

　立式できたら、問題の数値をあてはめて計算します。p.72の問題の式は3.6÷4.5となります。小さい数値を大きい数値で割る計算になったとしても、簡単な整数にして関係をつかめているので、まちがいを防ぐことができます。

要因 イメージする力の弱さ、論理的思考力の弱さ、セルフモニタリング力の弱さ

数値の関係を図にして式を導く

● **数直線にしてみる**

　問題文でわかっている数値を使って、右のような数直線をかいてみます。

　長さ3.6mのとき重さが4.5kgになることをまず記入します。次に1kgあたりの長さを□で表します。そして、割る数を書き込みます。

● **そこで、求め方は…**

　1kgあたりの長さは、3.6÷4.5で求められます。

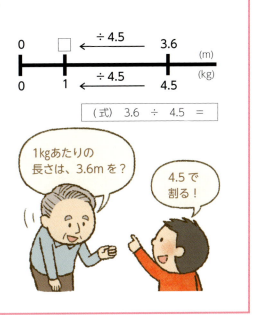

事例

図形の問題がわからない

ケースファイル

小学校2年生のりえさんは、図形の問題が嫌いです。同じ算数でも計算は得意なのに、図形はむずかしいと言います。日常生活でも、左右がすぐにはわからないことがあります。さまざまな形のなかから直角三角形を探し出す問題や、見本と同じように模写する課題も得意ではありません。

まず、その場では　気づいたときにすぐできる支援

1. **図形の認知、視空間認知のつまずきを認識する**
   ていねいにかかわるべきだという認識が大事。教材の操作をとおしてスモールステップでいこうと方針を立てる。

2. **「見分ける・見比べる」ができるか確認する**
   わずかな違いがある図形を見せて、異同がわかるか確認しておく。

こんな姿も…

● 見たままの形をかく課題がむずかしい

● シャツの前・後ろをまちがえることがある

● 歩くとき、物や人にぶつかることが多い

NG その場での対応、これは NG!

「もっとちゃんと見て」と言う

見て形をとらえる力が弱いのかもしれません。努力不足であるかのような言い方を避け、苦手なのかもしれないと考えるようにしましょう。注目すべきところを具体的に教えるなどの手だてが必要です。

こういう視点が必要です

■認知の偏りがあるのかも

学習全般が苦手というのでなく、算数の、それも図形問題だけが不得意という場合、それに付随して左右や空間の関係の理解が弱い場合が見られます。これは認知面の偏りと考える必要があり、この偏りは視空間認知の弱さからくるのではないかと考えることができます。

視空間認知のつまずきがあると、日常生活では、相手との距離感がつかめない、整列するときに時間がかかる、身辺の整理整頓が苦手といった姿が見られます。何度確認しても場所を覚えられない、よく道をまちがえるなどの問題として現れることもあります。

教師としては、常日頃から書字に細かなミスが見られないかどうか、図工の課題をしたがらないなどのようすがないかなど、注意して観察しておく必要があります。

■トレーニングと成功体験で支援

視空間認知の弱さが見られる場合、その機能を短期間で伸ばすのはむずかしいといえます。しかし、意識的にトレーニングすることで改善は見込めます。

まず学習場面では、認知の特性を教師が意識し、苦手さを確認する必要があります。そして、物の具体的操作をとおして理解を深めていけるようにします。苦手な部分を補って成功体験を積むことで、学習意欲が高まる効果も期待できます。

背景要因をさぐって
じっくり支援　→

氷山モデルでチェック

思いあたることはありませんか？
かくれているのは、こんな要因かも

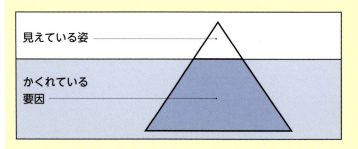

見えている姿
かくれている要因

見えている姿	☐ 物の細部の違いに気づけない ☐ 書字においても細かなミスが目立つ ☐ 示された形と同じように模写することが苦手	☐ 左右、前後がわからないことがある ☐ キャッチボールが苦手 ☐ 整理整頓がむずかしい
かくれている要因	形を認識する力の弱さ	視空間認知の弱さ

	☐ 歩くときあちこちぶつかることがある ☐ 衣服の裾がはみ出ていても気づかない ☐ 体育などで方向を指示されたときにまちがった動きになる	☐ 不器用、無造作、動きが粗雑に見られやすい ☐ 塗り絵などで、はみ出しが多い
	ボディイメージの弱さ	微細動作のつまずき

※代表例を示しています。チェックがつかない場合でもあてはまることがあります。

用語解説［ボディイメージ］

その場、そのとき、その状態に合わせて適切なからだの使い方、動かし方を頭の中でイメージする力。からだを斜めにする、傘を少し上げるなどの操作で必要。「身体図式」「ボディシェマ」ということもある。

事例⑫　図形の問題がわからない

支援プラン（クラス全体＆個別）

要因　形を認識する力の弱さ、視空間認知の弱さ

具体物の操作が楽しい活動を取り入れる

● タングラムで見本どおりの形を作る

　タングラムは、シンプルなパーツの並べ方次第でさまざまな形が作れるパズルです。見本どおりの形にするには、どのパーツをどの向きでどう置けばいいか、考えます。その過程をとおして、形の細部に注目するようになります。

● ことばでの説明を加える

　算数の図形問題に限らず、視覚的な情報の理解が必要な学習場面では、意識してことばでの説明を加えるようにします。

　りえさんに対する支援というより、日常的に、言語での説明には視覚的要素を、視覚的要素が主の場面では言語的要素を、それぞれ加えることを原則とするのがいいでしょう。そうすることで、さまざまな認知処理様式の個性に対応することになります。

● 形くじ引きで「あたり」「はずれ」

　図形をいくつか提示します。その裏に、一定の決まりに合う形を「あたり」と記しておきます。たとえば三角形を選んでほしい場合は、右の絵の3、4、7に「あたり」と書いておきます。「あたり」の図形には、共通して「3本の直線で囲まれている」という特徴があることを子どもたちが発見していく喜びがあります。

　慣れてきたら、1のような微妙な形に着目させ、なぜ「あたり」ではないのかをことばで説明させるようにします。

資料：盛山隆雄『10の視点で授業が変わる！算数教科書アレンジ事例30』pp.40-43

支援プラン（クラス全体＆個別）

 要因 形を認識する力の弱さ

観点をしぼって課題に取り組む

●基本的な形の弁別課題を

形に着目して、同じものや違うものを探し出す課題に取り組ませます。ゲーム感覚で楽しく取り組める課題を工夫しましょう。

●手や指の操作が伴うものも

用紙を重ねて完全に一致する図形を見つけたり、その図形を指や鉛筆でなぞったり、具体的な操作のある課題に取り組ませるようにします。

  形を認識する力の弱さ、視空間認知の弱さ、微細動作のつまずき

補助的な教材を使って

●位置の弁別課題をマス目のあるプリントで

上下、左右など、位置の弁別を含んだプリント課題に取り組ませます。碁盤の目のようなマス目のあるプリントで、見本と同じ模様を作るものです。同じ位置を正しく塗るようにしましょう。

●同じ記号を塗っていくと絵になるプリントで

見本どおりに色を塗る作業だけではなく、ときどき遊びの要素も加えます。たとえば、同じ記号を見つけて塗っていくと自然と絵が浮かび上がる課題などを用意します。

事例⑫　図形の問題がわからない

要因　視空間認知の弱さ、微細動作のつまずき

物の動きを目で追う遊びをする

●つるしたボールを打つ遊び

　空間に天井からボールをつるし、ラップフィルムの芯などを持って打ちます。戻ってきたら、タイミングを合わせてまた打ちます。物の動きをよく見るバッティングゲームです。

●転がってくるビー玉をキャッチ

　絵のような斜めに傾けた台を用意し、転がってくるビー玉をキャッチする遊びをします。目で追いながら、予想に反して方向が変わったときの対応のトレーニングにもなります。

要因　視空間認知の弱さ、ボディイメージの弱さ

身辺の空間を把握する力を育てる

●からだを使った大きな動きをとおして

　子ども自身のからだを使った大きな動きをとおして、形や位置関係の理解が深まるようにします。
　たとえば、ジャングルジムを対角線状に斜めに登ったり降りたりすることで、斜めの線がイメージしやすくなります。

●からだを空間に合わせる動きをとおして

　背より低い位置の鉄棒を、ぶつからずにくぐるということをしてみましょう。棒に頭をぶつけることなくすれすれのところをくぐることができれば、高低や遠近の理解へとつながります。

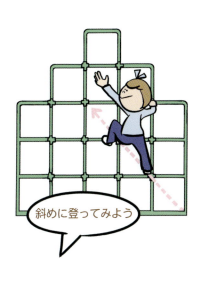

斜めに登ってみよう

事例 13

不器用なため学習が進みにくい

ケースファイル

小学校3年生のはやとくんは、お話がとても上手です。でも、その一方で、学習用具の指先での操作が苦手です。消しゴムで文字を消すときに紙を破ってしまうことがあります。定規を使って線を引くときにも、うまく定規を押さえられないので線が大きく曲がってしまいます。3年生になり、コンパスやリコーダーなどうまくできないことが増えてしまいました。

まず、その場では　気づいたときにすぐできる支援

1　手順と動作のこつを言語化して伝える

　コンパスは、①針を深くさす、②紙をもう一方の手で押さえる、③つまみは上から親指・人さし指・中指で持つ、④鉛筆のほうに力をかけてぐるりと回す、のように教える。

2　手をそえて力加減を教える

　力加減が伝わるように。十分に時間をとることも大切。

こんな姿も…

● お便りや課題のプリントを二つ折りにするのがむずかしい

● はさみで線のとおりに切るのがうまくいかない

● 机やランドセルに無理やり押し込もうとするので、教科書もノートもぐしゃぐしゃ

NG　その場での対応、これはNG！

「まじめにしようね」と注意する

ふざけているように見えても、実は「できない」と悟られたくなくて、そうふるまう場合があります。子どもの動作・行動から、うまくいかない要因をさぐり、その子どものレベルに合わせた指導を行います。

こういう視点が必要です

■不器用な子どもは、けっしてふざけているわけではない

はやとくんのように、雄弁なところがある一方で、動きがぎこちない、指先が不器用などのつまずきを示す子どもは、「ふざけている」「怠けている」などといった誤解を受けやすいといわれています。

うまくいかずに苛立つようすを見せる子どももいれば、できないことをごまかすかのごとく、「おふざけキャラ」を演じることもあります。

■握りやつまみの力の調整力が原因

指先の微細操作を支える土台は、しっかりと機能しているでしょうか。その土台とは、①からだ全体の姿勢の保持、②手元を見るための視線の安定、③肩・肘・腕などの伸ばし加減の調整、④指先の力加減の調整などです。

これらの力が機能していないとすると、口頭でやり方を伝えるだけでは動きのイメージがつかめません。

背景要因をさぐって
じっくり支援 →

氷山モデルでチェック

思いあたることはありませんか？
かくれているのは、こんな要因かも

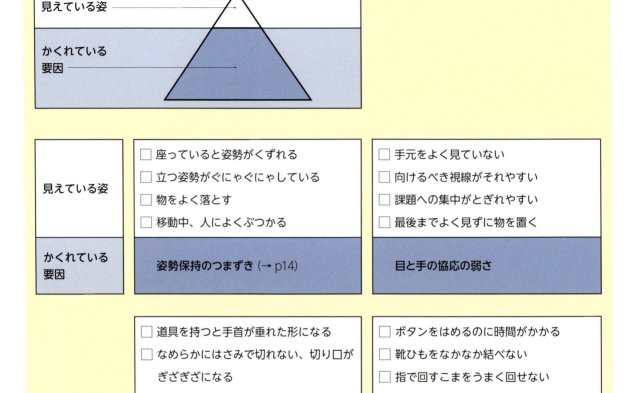

見えている姿	☐ 座っていると姿勢がくずれる ☐ 立つ姿勢がぐにゃぐにゃしている ☐ 物をよく落とす ☐ 移動中、人によくぶつかる	☐ 手元をよく見ていない ☐ 向けるべき視線がそれやすい ☐ 課題への集中がとぎれやすい ☐ 最後までよく見ずに物を置く
かくれている要因	姿勢保持のつまずき（→ p14）	目と手の協応の弱さ

	☐ 道具を持つと手首が垂れた形になる ☐ なめらかにはさみで切れない、切り口がぎざぎざになる	☐ ボタンをはめるのに時間がかかる ☐ 靴ひもをなかなか結べない ☐ 指で回すこまをうまく回せない
	空中保持操作のつまずき	指の機能分化の未発達

	☐ 定規などを押さえて動かないようにするのがむずかしい ☐ 押し合いっこ、腕相撲などを続けるのがむずかしい
	一定の力加減を続けることの困難

※代表例を示しています。チェックがつかない場合でもあてはまることがあります。

用語解説［指の機能分化］

手の5本の指のうち、親指側は「つまむ」などの可動性が高く、小指側は「握る」などの支持性が高い。機能分化によりこうした役割が確実になり、より器用な動きがつくり出せるようになってくる。

事例⑬　不器用なため学習が進みにくい

支援プラン（クラス全体&個別）

要因　さまざまな要因

各自のペースで、誰もが達成感を得られるクラスに

●自分のペースで取り組める安心感があること

　不器用な子どもが、急に器用になるということはありません。使いやすい道具を準備したとしても、操作に慣れるまでに一定の時間を必要とします。うまくいかないことをからかわれたり、ミスを指摘し合ったりするようなクラスでは、どんなに効果的な道具・方法を用いてもうまくいきません。まずは、自分のペースで取り組めるという安心感のあるクラスにしていきましょう。

●便利な工夫を共有し合える関係づくり

　操作に課題があるということは、個に特化した支援をかなり必要とすると言い替えることもできます。個別にやり方を教えたり、手をそえて動かし方を伝えたり、特別なツールを使ったりする場面が増えます。

　「あの子だけずるい」とか「どうしてあの子は許されるのか」といった見方をするクラスメートもいるかもしれません。便利な工夫は、誰が使っても便利だと感じるものだからです。便利な工夫だからこそ、互いに貸し借りしながら共有し合える、そんなクラスにしてきたいものです。

●うまくできたという「達成感」をどの子にも

　「この子はうまくできないから、誰かにやってもらう」そんな指導になっていないでしょうか。はやとくんのように、うまくできなくていらいらしてしまう子どもであっても、けっして「やりたくない子ども」ではありません。自分にもできたという「達成感」を大切にしましょう。

支援プラン（クラス全体&個別）

要因 目と手の協応の弱さ

視線のコントロールを支える工夫や遊びを

●指を置く位置にシールなどで目印を

　指の位置を固定することが必要な場合、その位置に色シールを貼るとわかりやすくなります。指でシールが隠れるのが気になるなら、長さの異なる付箋を貼って見分けられるようにします。

●視線のコントロールを支える遊びを取り入れる

　両手にペンをもち、それぞれの手で指定された形を書く遊びです。左右で同じ大きさ、同じ形になっているか確認しながら書きます。

　左右でスタートの位置や、書き進める方向を変えても、同じように書けるか、挑戦しましょう。

要因 さまざまな要因

使いやすさを優先した道具の使用を認める

●回しやすいコンパス、持ち手のついた定規

　使い勝手のいい製品は各種市販されています。
・回しやすいコンパス
・持ち手のついた定規
・持ち手に工夫があるはさみ　など

●ちょっとした工夫で改善を図れることも

　リコーダーの穴をうまく押さえられない場合、市販の「魚の目保護パッド」を穴のまわりに貼ると、凹凸ができて押さえている実感がつかみやすくなります。また、鉛筆にダブルクリップをはさむと、中指を置く位置がわかりやすくなります。

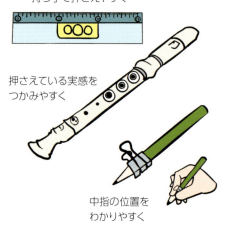

持ち手で押さえやすく

押さえている実感をつかみやすく

中指の位置をわかりやすく

事例⑬　不器用なため学習が進みにくい

要因　姿勢保持のつまずき、空中保持操作のつまずき、一定の力加減を続けることの困難

トレーニングで楽しく、一定の力を出し続ける

●よじ登り遊び、ふんばり遊び

遊びながら力をつけるトレーニングです。
・登り棒や雲梯、肋木などによじ登る
・姿勢を決めて、その場でふんばって姿勢を保ち続ける
・肋木であれば、片手片足で姿勢保持するなど、よりむずかしい条件で力を発揮し続ける

●ひも巻き取り対決

ひもや糸を延ばし、その先に目標をつけておきます。できるかぎり、早く巻き取った人が勝ちです。

要因　指の機能分化の未発達

薬指と小指の握りの力を強くする

●ペン握り遊び

ペンを1本、鉛筆握り（3指で握る）したら、薬指と小指で握り直します。2本目のペンを1本、再び鉛筆握りしたら、これも薬指と小指側に移して握り直します。これを繰り返し、たくさん握れるようにします。

●片手で、でんでん太鼓

でんでん太鼓を片手で回し、一定のリズムで音を鳴らす遊び。親指から中指までの3指で回し、薬指と小指は握りながら押さえる役目をします。遊びながら手指の機能を高めることができます。

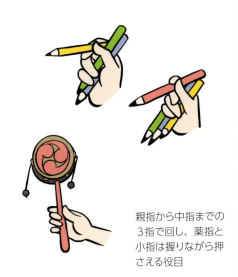

親指から中指までの3指で回し、薬指と小指は握りながら押さえる役目

事例

体育の時間が嫌い

ケースファイル

小学校4年生のさくらさんは、運動が苦手で、体育の時間がいやでたまりません。ほかの子の陰にかくれるようにして、目立たないようにすごすようです。逆上がりができないことを気にしており、今日も、鉄棒の話題が出ただけで下を向いてしまいました。

また最近は、体育のある日になると「頭が痛い」などと訴えることも増えています。

まず、その場では　気づいたときにすぐできる支援

1　めだちたくない思いを尊重する

その場では、ようすを観察するのにとどめ、めだちたくない思いを尊重します。

2　自信をつけさせることが必要と認識する

成功体験を積ませて自信をつけられるようにと考えます。

こんな姿も…

● 聴覚過敏が見られる

● 相手とペースを合わせることがむずかしい

● 団体競技で負けると、自分のせいだと思い込む

NG その場での対応、これはNG!

「やる気がないからできないんだ」と叱る

意欲ややる気の問題ではないという認識が必要です。体育は、できないことがみんなの前ではっきりとわかってしまうので、気持ちを傷つけていないか、気をつけて見守るようにします。

こういう視点が必要です

■スモールステップでの取り組みが大切

運動がうまくできないと自覚する子どもにとって、体育は苦痛以外の何物でもありません。特に、学年が上がるほど苦手意識が高まり、みんなの前で失敗するところを見せたくないとか、自分のせいで負けるくらいなら最初からやりたくないという気持ちが強くなります。

できないことを繰り返しさせるより、スモールステップで、できた！ という達成感を積み重ねていくことをめざしましょう。

■それぞれの「できた！」を大事に

支援して成功体験に導くときに大事にしたいのは、その子にとってのレベルアップです。前にできなかったことが1つでもできたらよしとし、一人ひとりが「できた！」という喜びを感じられる指導にしたいものです。

■感覚の問題にも配慮する

一部の子どもには感覚の過敏が見られます。ある種の音をひどくいやがったり、身につけるものの好き嫌いが激しかったりという現れ方をします。理解のない指導者は「そのうち慣れる」と考えがちですが、強要して改善することはありません。苦手な刺激は避けることができるよう配慮します。

運動会特有の嫌悪感の強い刺激の代表格は、スタート合図のピストル音です。代替の方法を考えるなどの対応が必要でしょう。

背景要因をさぐってじっくり支援

氷山モデルでチェック

思いあたることはありませんか？
かくれているのは、こんな要因かも

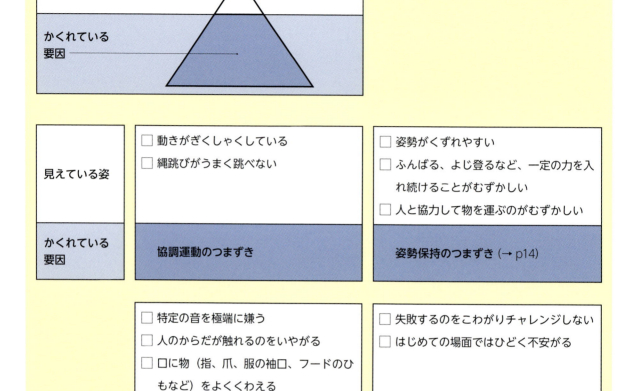

見えている姿	□ 動きがぎくしゃくしている □ 縄跳びがうまく跳べない	□ 姿勢がくずれやすい □ ふんばる、よじ登るなど、一定の力を入れ続けることがむずかしい □ 人と協力して物を運ぶのがむずかしい
かくれている要因	協調運動のつまずき	姿勢保持のつまずき（→ p14）

	□ 特定の音を極端に嫌う □ 人のからだが触れるのをいやがる □ 口に物（指、爪、服の袖口、フードのひもなど）をよくくわえる	□ 失敗するのをこわがりチャレンジしない □ はじめての場面ではひどく不安がる
	感覚の過敏	不安の強さ

□ 負けるのは絶対にいけないと思い込む □ 相手の動きに合わせるのが苦手 □ とっさの判断で動くのがむずかしい □ 「どうやればいいかわからない」と言う
イメージする力（→ p.74）の弱さ

※代表例を示しています。チェックがつかない場合でもあてはまることがあります。

用語解説［協調運動のつまずき］

身体に疾患などはないが、自分のからだを上手に動かすことがむずかしい状態。ボディイメージをとらえたり手足をバランスよく動かしたりするのがむずかしい。発達性協調運動障害と診断されることもある。

事例⑭　体育の時間が嫌い

支援プラン（クラス全体&個別）

クラス全体

要因 協調運動のつまずき、姿勢保持のつまずき、不安の強さ

「鉄棒クリア作戦」で自信をつける

● まずは鉄棒なしの状態から

　鉄棒が苦手な子どもが、すぐに上達する方法はなかなかありません。1つの技に必要なからだの動きを1つずつ確認し、レディネス（準備性、土台が獲得できていること）が備わっているかを確認しながら進めていきます。ここでは逆上がりができるまでを紹介します。できるように導いていけば、その子にとって大きな自信になります。

　支援のポイントは、技に必要なからだの動きを取り出して、まずは鉄棒なしの状態から繰り返し練習し、身につけさせることです。

● スモールステップで

　逆上がりの土台となる運動は、右のとおりです。スモールステップで指導し、取り組ませましょう。

● 感覚面のつまずきなどもチェック

　足が地面から離れることや回転そのものに抵抗感をもっている子どもがいます。揺れをこわがり、ぶらんこなどもあまりしたがりません。マット運動の前転でめまいを感じる場合もあります。

　このように平衡感覚への情報に少し過剰に反応するタイプの子どもは、姿勢の変化への不安が大きくなります。鉄棒以外の場面のようすも参考にしましょう。

逆上がりの土台となる運動

1　ゆりかご
①体育座りの姿勢から背中を丸めて額を膝につける
②その姿勢をくずさずに後ろに転がり、反動をつけてもとの姿勢に戻る

2　肩逆立ち
①仰向けで寝た姿勢から、腰部分を天井に向けて持ち上げる
②そのままの姿勢を維持する

3　つばめ・つばめ足振り
①鉄棒を握った腕をぴんと伸ばして体重を支え、足のつま先もそろえて後ろに伸ばす
②腕が曲がらないようにして足を大きく前に振り出す

4　布団干し→つばめ
①からだを折り曲げ布団のように腕と脚をおろす
②鉄棒を握り、からだを引き上げてつばめの状態に戻る

5　肘膝曲げ姿勢
①肘と膝を曲げた姿勢で鉄棒にぶら下がる
②その姿勢を保つ

支援プラン（クラス全体&個別）

要因 協調運動のつまずき、姿勢保持のつまずき、不安の強さ

応援をみんなの力に

●クラス全体の応援がエネルギーになる

　誰かががんばっているとき、教師が個人的に応援するよりもクラス全体の応援のほうがエネルギーはずっと大きく感じられます。うまくいったときは、応援する側も、応援には計り知れない力があると実感できます。

●声かけでリズムやタイミングをつかむ

　「今だ」「そこ！」「せーの！」など、場面に応じた声かけをしていきます。声かけをしてリズムやタイミングがとれるようになると、自分が運動するときにも生かせます。

要因 協調運動のつまずき、姿勢保持のつまずき、不安の強さ

フィニッシュを助けて成功体験を確かに

●練習したステップを組み合わせて

　逆上がりの成功のポイントは次のとおりです。
①肘を曲げたまま、地面を強く蹴り上げ、足を鉄棒の上に振り上げる
②地面を蹴ると同時に鉄棒を引き寄せる
③腕を曲げたまま回転
④足を反対側におろす
⑤足を下げる勢いと腕の力で上半身を起こす

●ポイント部分に力を貸す

　②のとき、腕と腹に力を入れますが、ここをタオルを使って補助すると成功しやすくなります。

タオルを使った逆上がり
タオルの一方を鉄棒にくくりつける

地面を蹴ったタイミングで鉄棒に腹を引き寄せるようにする。このときにタオルの片方を引っ張って補助する

事例⑭　体育の時間が嫌い

個への支援　　要因　感覚の過敏、不安の強さ

苦手な刺激は排除する

●スタート合図のピストルをやめる
　ピストル音に嫌悪感が強い場合、効果的な解決策は「ピストルを使わない」ということです。合図が目的なのであれば、「よーいドン」のかけ声や、低音のホイッスルでも代用できます。

●運動会当日に参加できなくても…
　さくらさんは失敗や負けに対する不安が強い子です。もしかしたら当日参加できないこともあるかもしれません。競技に参加できなかったとしても、みんなといっしょにいられたことなどを評価し、長期的な視点に立って成長を見守ります。

力をつけるために　　要因　不安の強さ、イメージする力の弱さ

体育をとおしてソーシャルスキルを育てる

●体育の授業で教えたいこと
　体育は「精一杯」「果敢な挑戦」といった努力が自分の成長に結びつくことや、「正々堂々」「フェアプレー」といったルール遵守の重要性、「仲間」「団結」といった仲間とともに成し遂げることの価値を伝えていける貴重な教科です。

●勝ち負けへのこだわりを意識して指導
　さくらさんは運動が苦手だという気持ちが強いことで、必要以上に自分を責めてしまうところがあるようです。団体競技で負けたとしても、必ずしも誰かのせいではないことを教えたいものです。

全体への指導で

負けたときの上手な悔しがり方の例
① 「次こそは」「今度こそは」など、自分（たち）を奮い立たせることばを言う
② 負けの犯人捜しは避ける。特定の誰かだけのせいではない
③ 「しかたない」「きっと相手のほうが練習したはずだ」と気持ちを切り替える

子どもの価値を認め、伸ばす

「苦手」を「強み」にとらえ直し、その子の価値を高める

つまずきのある子どもを理解するときに心がけたいのは、苦手な部分をマイナスにばかり見ないことです。

●リフレーミングで「苦手」を「強み」ととらえ直す

たとえば、自閉症スペクトラム障害の子どもが示す特徴のひとつにこだわりがあります。興味関心の幅が狭いのですが、一方で部分的に深いともいえます。こだわりは、とかくマイナスのイメージに受け取られますが、社会的に認められる信念や職人気質に通じる特性でもあります。そう考えると必ずしも「直すべき」ものではなく、この強みを生かしていこうと発想の転換ができます。このような、ものごとのとらえ直しをリフレーミングといいます。発達障害の特性のいくつかは、リフレーミングでプラスイメージにとらえることが可能です。「短所は長所の裏返し」という考え方に通じます。

リフレーミングの例
- こだわり → 興味関心が強い
- 融通が利かない → 律儀
- 多動 → 元気で活発
- 衝動的 → 行動力がある
- いい加減 → おおらか
- 学力が低い子、指示が入らない子、自分の考えが書けない子 → クラスでいちばん努力している子、教師の教育技術を伸ばしてくれる子

●教師の教育技術を伸ばしてくれる子ととらえる

クラスには、スローラーナー（ゆっくり、少しずつ学ぶタイプ）の子どもがいます。理解度が低いので指導するのが面倒だとか、やっかいだなどと考えていませんか。ものごとの理解がゆっくりなのは、ことばだけの説明ではわかりにくく、頭の中でイメージすることがむずかしいというつまずきがあるからです。

「学力が低い子」「指示が入らない子」「自分の考えが書けない子」などととらえられがちですが、これをリフレーミングしてみましょう。「クラスでいちばん努力している子」「教師の教育技術を伸ばしてくれる子」ととらえ直すことができるのではないでしょうか。

苦手の克服より、いいところやがんばりに目を向ける

苦手な部分を克服するには時間がかかります。「直す」「正す」という考え方に陥らないように気をつけましょう。つまずきの背景をしっかり読み解き、無理なく継続して取り組める方法を探す必要があります。また、いいところやがんばりの部分に着目し、それを大きくしていくことも、子どもの成長につながります。2つの視点はどちらも大切ですが、より優先順位が高いのは長所を伸ばす指導です。

いいところを伸ばす効果

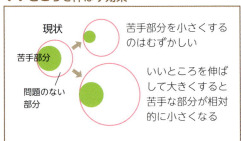

資料：菅野純（『やきもきしているお父さんお母さんへ　わが子の「やる気スイッチ」はいつ入る?』p.124）を参考に編者作成

● いいところを伸ばして自信をつける

いいところを伸ばしていくことで相対的に苦手な部分が小さくなれば、自信がつき、自尊感情も高まります。

発達につまずきのある子どもは、一方的に助けられる存在ではありません。その子のよさをクラスで役立てる機会を設定しましょう。まわりから頼りにされる存在、必要とされる存在と感じられたとき、さらなる成長につながることがあります。

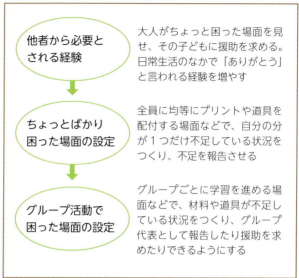

援助要求スキルを育てる手順の例

他者から必要とされる経験 → 大人がちょっと困った場面を見せ、その子どもに援助を求める。日常生活のなかで「ありがとう」と言われる経験を増やす

ちょっとばかり困った場面の設定 → 全員に均等にプリントや道具を配付する場面などで、自分の分が1つだけ不足している状況をつくり、不足を報告させる

グループ活動で困った場面の設定 → グループごとに学習を進める場面などで、材料や道具が不足している状況をつくり、グループ代表として報告したり援助を求めたりできるようにする

● がんばっている姿を認める

苦手でも取り組む姿を認め、努力をほめるようにします。ただし「えらい」や「すごい」というほめことばは、「これぐらいのことで、なぜほめられるの？」と、周囲の子どもたちの不公平感を助長することがあります。「やりきったね」と努力に着目するほめ方にします。

● 援助要求スキルを教え、育てる

人生において、できない場面、うまくいかない場面は必ず起こります。そんなとき、隠したりごまかしたりせず、援助を求めながら解決の糸口を探せる人に育てるという視点が大切です。ところが、困ったときに人に教えてと頼んだり、助けを求めたりすることは、自尊感情が高くなければできません。自尊感情が低い状態だと、人は、援助を求めることでさらに傷ついてしまうことを恐れ、援助を求められないことが多いのです。そこで、援助要求スキルを教えることは、自尊感情を育てることと併せて考える必要があります。

アセスメントは「謎解き」と「宝探し」のため

最近では、WISC などの心理検査を実施するケースが多くなってきました。こうしたアセスメントは、何のために行うのでしょうか。まさか!? とは思いますが、問題点をあぶり出すためとか、私たちには手に負えないということを証明するため、などととらえていませんか？

アセスメントは、本来、「謎解き」と「宝探し」のために実施するべきものです。その子どもをもっと深く知りたいという気持ちがあるからこそ、謎解きが始まります。その子のいいところを見つけたいという気持ちがあるからこそ、宝探しになります。

このような気持ちをもっていないと、アセスメントは、子どもができないことを強調するためのもの、かかわりの糸口が少ないことを確認するだけのものになってしまいます。関係者のあきらめにつながるようなアセスメントの実施にならないよう、十分に気をつけましょう。

教師の技量を高めるために①

ほめるこつをつかむ

発達障害の有無にかかわらず、どの子も認めてもらいたいという気持ちをもっています。誰かをほめるときには、必ず、周囲の子どもたちがどのような反応を示しているのかを確認しましょう。教師の投げかけるひと言は、それだけクラス全体への影響が大きいのです。

●さり気なく、タイミングよくほめる

せっかくのほめことばが、見え透いたお世辞のように受け取られては逆効果です。「何かさせようと思って、大したことがないのにほめているのでは？」と警戒心が強くなることもあります。自然なかかわりのなかで、タイミングよく「ひと言コメント」を加えていく方法を勧めます。適切な行動が出たときを逃さずに、短く「そう、その調子」「続けて」とコメントし、本人にも周囲にも適切な行動が続いていることを伝えていくのです。

●みんなには聞かせないでほめる配慮も

ほめる内容によっては、本人にだけわかるようにほめ、ほかの子には聞かせない配慮をしたほうがいいこともあります。たとえば、まわりに追いつくための学習や、不適切な行動を改めるための努力などについては、個人的にほめるほうがいいでしょう。周囲の子どもたちに「なぜ、あんなことくらいでほめるの？」という気持ちを抱かせないためです。

叱るこつをつかむ

支援の大前提は、対象となる子ども（ここでは仮にAくん）の味方になることです。しかし、クラスの状況によっては「Aくんのこともきちんと叱れる先生だ」とみんなに思わせるような、いわば「周囲の納得」を引き出す叱り方が必要な場合があります。

●「よくない部分を叱ることで正そう」とは思わずに

気持ちの抑制やコミュニケーションに苦手さがある子どもの場合、問題点を指摘してもすぐに行動を正せるわけではありません。こういう事情を考えずに叱っていると、「うまく指導しきれていない場面」のやりとりばかりを子どもたちに見せることになります。結果的に、教師の力量に不安を抱かせ、信頼を損なうことにもつながります。「叱るのは問題行動を正すためではない」と常に心しておきましょう。

●「叱る原則」をくずさない

教師が学級経営をしていくうえで大切なのは、第一にメンバーの「安心と安全」です。これが損なわれる場面だけは絶対に見過ごしてはいけません。即座に叱ります。

叱るにあたって価値観のぶれをつくらないことも大切です。四六時中あらゆることを叱っている事態にならないためにも、叱りどころをしぼり込んで、原則を決めておきましょう。たとえば「相手を傷つける危険性があるとき（けがだけでなく心を傷つける言動なども）」「相手の不幸せのうえに自分の幸せを追求したとき」などが考えられます。叱る原則はその人自

身がもつ価値観と連動しています。前もって「先生は○○だけは許しません」と宣言しておき、いざそういう事態が起きたら、勇気をもって筋を通すことが大切です。

● **短いことばで「行動」に焦点をあてて叱る**

できるだけ短い時間、短いことばで叱ります。また、その子自身を否定することばを避け、「○○することは許されない」というように行動に焦点をあてて叱ります。改善すべきはあくまでも行動です。叱る際に、名前を呼ぶことは避けましょう。周囲の子どもたちが「叱られ続ける存在」だと見てしまいます。

叱りっぱなしで終えないことも心がけてください。叱ったあとの行動の変化を見届け、不適切な行動をやめることができたら、その場で「そう！」「それでよし！」などと伝え、ハッピーエンドをめざしましょう。

> **望ましいほめ方**
> - 感嘆詞を使う
>   例：「おー（感嘆）」「ああ（納得）」「いい！（同意）」
> - 行動をそのまま2回言う
>   例：「うん、書いてる書いてる」
> - 続けるべきであることを伝える
>   例：「そう、その調子！」「そのまま続けて！」
>
> ［注意点］ほめことばに皮肉の意味を込めない
>   例：「やればできるじゃない！」
>   「今日は、がんばっているじゃない！」

> **望ましい叱り方**
> - 子どもでなく行動を叱る、正しい行動を示す
>   例：「○○するのは許されない」
>   「□□します」
> - ハッピーエンドで終わる
>   例：「そう、それでいいよ！」
>
> ［注意点］子どもの意欲まで否定しない
>   例：「やる気あるの？」
>   「そういえばこの前も……」
>   「いつもいつもあなたは……」

● **心に響く叱り方を**

子どもの心に響いたとき、その子は反省する理由を忘れないでいられます。行動の改善には時間がかかるということを理解したうえで、「○○しないでいよう」と子どもが自分で反省できるようになるために、地道にかかわることが大切です。

子どもの困った行動への対処法を知る

子どものなかには、「お試し行動」とよばれる、大人の反応を試すような行動をとる子どもがいます。見捨てられない相手や安心感のある相手に対して「いや！」が激しく出たり、座り込んで動かなかったりといった行動を示します。ことばの表出が豊かな子どもでは、暴言や汚言を吐いたり、ことば巧みに大人の感情を揺さぶる発言をしたりします。大人（教師、保護者、支援者など）をよく見ていて、表情に動揺が出るタイプや、要求を受け入れすぎるタイプの大人がターゲットになりやすいようです。このようなときは、主導権を大人が握り、上手に駆け引きしながら、望ましい行動を引き出すようにしなくてはいけません。

大切なのは、大人が大人としてふるまうこと。キーワードは、堂々と、毅然と、穏やかに、焦らず、慌てず、あきらめず、です。たとえば「いや」が激しい子の場合、「するの？　しないの？」と聞くと、「しない」と返ってくることが多いので、判断はゆだねません。「自分ひとりでする？」「いっしょにする？」と尋ね、必ず「する」の範囲内で選択させるようにします。

教師の技量を高めるために②

ねらいを具体的にする習慣をつける

　授業の達成目標を見直し、具体的なねらいを定めるようにしましょう。ねらいを具体的にすると、子どもの思考すべきことが明確になります。

　国語の物語文を例に考えてみます。「中心人物の気持ちの変化を考えよう」とするよりも、「中心人物の気持ちの変化のきっかけは〇〇だ」とするほうが、〇〇に該当することを考えるはずです。〇〇があることで、教師が何を授業のゴールとしているかが子どもに伝わりやすくなります。教師にとっても、授業でどんな力を学ばせたいかが明確で、指導がぶれずにすみます。指導案を書くときの約束事として習慣づけましょう。

資料提示にしかけをつくる

　授業のなかで資料をどう提示するかにも工夫の余地があります。「これを見なさい」と言うだけでは、多くの子はぼんやり見るだけで、資料の中身に興味を示しません。黒板に一瞬だけ掲示してすぐに引っ込めたり、一部分だけを提示したりしてみましょう。そうすると、子どもたちは口々に「それでは何かわかりません！」「もう一度見せてください」と言うようになります。「見たい」「知りたい」という内発的動機づけを高めることで、集中がとぎれやすい子どもの学びを進めることができます。

　同様の工夫はほかの場面でもできます。たとえば、算数の文章題などは子どもに全部一度に読ませるのでなく、1文ずつ提示します。そうすることで、子どもの興味を持続させながら、1文ずつていねいに問題を読むことの大切さを教えることができます。

子ども理解の守備範囲を広げていく

　子ども理解の守備範囲を広げるよう努めましょう。守備範囲が狭いと、子どもの言動の些細なことが許せず、対応できないのを相手のせいにしてしまいます。守備範囲が広くなると、子どものちょっとした成長に気づけてうれしくなります。そして、対応できないときには、自分を磨き、次は対応しようと考えることができます。子どもを指導する立場にある以上、常に子どもから学び続ける姿勢を大切にしましょう。

　研究が年々進み、発達障害に関する新しい情報が書籍やインターネットなどで次々発信されています。最新の知見を学び、方法論偏重に陥らないようにしましょう。こうした努力が、子どものつまずきの背景を本質的にとらえる力へとつながります。

保護者への説明で気をつけたいこと

　わが子のつまずきを認めたくない、と感じる保護者は少なくありません。「家では特に困っていない」と話す保護者も、「こんなところで困るわけにはいかない」という必死の思いから

そう話すのかもしれません。そんな思いをくみながら、ていねいに対応したいものです。

たとえば、通級による指導や教育支援員などの制度の利用を勧めるとき、保護者にどんな説明をしていますか。「できないことがあるので」「残念だけど、通級・支援員が必要」といったことばを使っているとしたら、特別支援教育は残念ながら受け入れなくてはならない教育になってしまうのではないでしょうか。

特別支援教育は「うまくいかない」ことがある子どもの「価値」を高める教育です。この点を自信をもって伝え、「この子を輝かせるためにこの制度があるんです」と説明してください。そして、保護者を説得するというより、その子を思う気持ちを伝え続け、納得につながるようにしていきましょう。教師自身も、常に心に問うてください。「その指導は、子どもの価値につながる指導ですか」。

Column　保護者の思いを受け止める

● 親だからこその理由づけ

「ことば・運動の遅れがある」「集団活動が苦手」「身のまわりのことができていない」などの指摘を受け、保護者が「早生まれだから」「こういう性格だから」「(親の)私が手を出しすぎているから」……このように答えるとき、早期に対応したいと考えている教師は、はぐらかされたような気になるかもしれません。

でも、けっして教師の思いを受け入れていないわけではないのです。どの答えも、指摘された事実を認めないとは言っていません。「わが子を否定されるのは、自分を否定されたような気がする」。そんな親としてのプライドを理解しておきましょう。

● 各家庭に尊重すべき歴史がある

その子が生まれてからこれまでに、親子でさまざまな苦労や葛藤をしてきています。支援を拒もうとする態度は、遅れへの漠然とした不安、乳児期や幼児期の健診で遅れや異常を指摘されるのではないかという恐れ、標準との比較に常に追われることへの焦りなどが積み重なった結果、行き着いたものかもしれません。もしかしたら、母親ひとりが子どもの唯一の理解者であり、家庭内で孤立しているといったことがあるかもしれません。

どれもこれも、軽んじることのできない事情です。

● 誰もがかけがえのない存在

誰もがかけがえのない存在として生まれてきている、そのことを共通認識にして、ともに歩みましょう。保護者の気持ちや価値観をすぐに変えることはむずかしいかもしれませんが、子どものことを真剣に考え続けているという気持ちを伝え続けることが大切です。

参考資料など

- 『〈発達のつまずき〉から読み解く支援アプローチ』川上康則 著　（学苑社）
- 「学習のつまずきへの具体的な指導」川上康則 文『授業のユニバーサルデザイン』Vol.2　（東洋館出版社）
- 「学習のつまずきへの具体的な指導－国語・算数編」川上康則 文『授業のユニバーサルデザイン』Vol.3　（東洋館出版社）
- 『クラスで気になる子の支援　ズバッと解決ファイル－達人と学ぶ！特別支援教育・教育相談のコツ』阿部利彦 編著　（金子書房）
- 『クラスで気になる子の支援　ズバッと解決ファイル　NEXT LEVEL－達人と学ぶ！特別支援教育・教育相談のワザ』阿部利彦 編著　（金子書房）
- 『10の視点で授業が変わる！　算数教科書アレンジ事例30』盛山隆雄 編著　（東洋館出版社）
- 『小学校体育ジャーナル』No.73臨時増刊号　（学研教育みらい）
- 『やきもきしているお父さんお母さんへ　わが子の「やる気スイッチ」はいつ入る？』菅野純 著　（主婦の友社）

発達障害の名称について

本書では、発達障害の名称を、たとえば「自閉症スペクトラム障害」「注意欠如・多動性障害」「学習障害」「知的障害」「発達性協調運動障害」などのように表記しています。これらについて、日本精神神経学会が2014（平成26）年5月に発表した「DSM-5病名・用語翻訳ガイドライン（初版）」では、次のように併記されています。

- 自閉スペクトラム症／自閉症スペクトラム障害
- 注意欠如・多動症／注意欠如・多動性障害
- 限局性学習症／限局性学習障害
- 知的能力障害（知的発達症／知的発達障害）
- 発達性協調運動症／発達性協調運動障害

デザイン・DTP：小林峰子
企画編集：ワードクロス

監修者紹介

内山登紀夫（うちやま　ときお）

精神科医師。専門は児童精神医学。順天堂大学精神科、東京都立梅ヶ丘病院、大妻女子大学人間関係学部教授、福島大学大学院人間発達文化研究科学校臨床心理専攻教授を経て、2016年4月より大正大学心理社会学部臨床心理学科教授。2013年4月より福島県立医科大学会津医療センター特任教授併任。よこはま発達クリニック院長、よこはま発達相談室代表理事。
1994年、朝日新聞厚生文化事業団の奨学金を得て米国ノース・カロライナ大学TEACCH部シャーロットTEACCHセンターにて研修。1997～98年、国際ロータリークラブ田中徳兵衛冠名奨学金を得てThe center for social and communication disorders（現The NAS Lorna Wing Centre for Autism）に留学。Wing and Gouldのもとでアスペルガー症候群の診断・評価の研修を受ける。

編者紹介

川上康則（かわかみ　やすのり）

東京都立矢口特別支援学校主任教諭、臨床発達心理士、特別支援教育士スーパーバイザー、自立活動教諭（肢体不自由）。NHK『ストレッチマン・ゴールド』番組委員。日本授業UD学会理事。1974年、東京都生まれ。立教大学卒、筑波大学大学院修了。東京都立城南養護学校、東京都立港特別支援学校、東京都立青山特別支援学校を経て2017年より現職。肢体不自由、知的障害、自閉スペクトラム症、ADHDやLD・SLD（限局性学習症）、DCD（発達性協調運動症）などの障害がある子に対する教育実践を積むとともに、地域の学校現場や保護者などからの「ちょっと気になる子」についての相談などに携わっている。第54回読売教育賞（障害児教育部門）最優秀賞など受賞歴多数。
おもな著書に『〈発達のつまずき〉から読み解く支援アプローチ』（学苑社、2010年）、『こんなときどうする？　ストーリーでわかる特別支援教育の実践―ケーススタディからのアプローチ』（学研プラス、2016年）、『通常の学級の特別支援教育　ライブ講義　発達につまずきがある子どもの輝かせ方』（明治図書、2018年）などがある。

カバーイラスト　内田コーイチロウ
イラスト　テラカドヒトシ、鹿野理恵子、蔵澄咲帆

特別支援教育がわかる本②
通常学級でできる
発達障害のある子の学習支援

2015年3月30日　初版第1刷発行　　〈検印省略〉
2019年2月15日　初版第2刷発行

定価はカバーに表示しています

監修者	内山登紀夫
編　者	川上康則
発行者	杉田啓三
印刷者	森元勝夫

発行所　株式会社　ミネルヴァ書房
607-8494　京都市山科区日ノ岡堤谷町1
電話 075-581-5191／振替 01020-0-8076

©SIXEEDS, 2015　　モリモト印刷

ISBN978-4-623-07191-3
Printed in Japan

特別支援教育をすすめる本

B5判／オールカラー／①〜③ 104ページ、④ 64ページ／各巻本体 2500円

① こんなときどうする？
発達障害のある子への支援　幼稚園・保育園
内山登紀夫 監修　諏訪利明・安倍陽子 編

② こんなときどうする？
発達障害のある子への支援　小学校
内山登紀夫 監修　安倍陽子・諏訪利明 編

③ こんなときどうする？
発達障害のある子への支援　中学校以降
内山登紀夫 監修　中山清司 編

④ 知ってる？　発達障害
ワークブックで考えよう
細川佳代子 プロデュース

特別支援指導用教材
学校生活・日常生活適応のための指導
佐々木正美 監修　伊藤久美 編

B5判／オールカラー／104ページ／絵カード・DVD付／本体 18000円